EXERCICES DE CALCUL

Fractions

Des exercices ludiques pour devenir un crack
dans le calcul des fractions !

Chantecler

Cette édition par Chantecler, Belgique-France
Idée originale et conception graphique : ZNU
Auteur : Lieve Jansen
Dessins : Daniëlle Roothooft
Traduction française : Yves Doumont
D-MMII-0001-188
Imprimé dans l'UE

SOMMAIRE

PRÉFACE

POUR LES PARENTS

Repenser aux cours de mathématiques inspire à chacun des sentiments différents. Pour certains, mesurer des angles ou calculer des aires représente un véritable passe-temps, alors que d'autres ont déjà la chair de poule rien que d'y penser. Ce que les uns considèrent comme un défi est rébarbatif et ennuyeux pour les autres. Même si la matière en elle-même peut paraître abstraite, ses applications concrètes sont quant à elles innombrables. Elles vont des simples objets de la vie quotidienne, comme les thermomètres et les balances, aux ponts et aux ordinateurs perfectionnés. Tout tourne en fait autour des maths, même l'argent. Le calcul constitue donc une partie essentielle du programme de l'enseignement. Il est particulièrement important que votre enfant comprenne bien cette matière et maîtrise certains concepts.

Cette série a été spécialement conçue pour des enfants de 10 à 12 ans. Chaque titre est consacré à un thème particulier et contient nombre d'exercices grâce auxquels votre enfant se perfectionnera rapidement. En outre, leur caractère amusant et ludique veille à ce que l'apprentissage à la maison reste un plaisir ! Les solutions des exercices se trouvent à la fin du livre. Elles sont suivies de quelques pages où votre enfant pourra faire les calculs.

Les *fractions* connaissent nombre d'applications dans la vie quotidienne et font, pour cette raison, l'objet d'une attention toute particulière dans les cours de mathématiques. Pour les enfants, il s'agit pourtant souvent d'une matière abstraite et difficile. Afin de tenir compte de tous les niveaux, les exercices débutent avec des notions de base, comme les numérateurs et les dénominateurs, et augmentent systématiquement de niveau. Votre enfant apprendra à représenter une fraction par un dessin ou à différencier les différentes sortes. Il s'exercera à simplifier une fraction ou à l'écrire sous une forme décimale. Finalement, il sera capable d'additionner et de soustraire, ainsi que de multiplier et de diviser des fractions. Le chat Cosinus accompagne votre enfant tout au long du livre. Les indices qu'il demande sont nécessaires pour résoudre la grande énigme à la fin du livre.

EXERCICE 1 — NUMÉRATEUR ET DÉNOMINATEUR

Notre ami Cosinus le chat parle une drôle de langue : c'est la langue des fractions. Pour déchiffrer son message, remplace les chiffres et les nombres par les lettres correspondantes de l'alphabet (a = 1, b = 2, ..., y = 25, z = 26).

- Dans les deux premières lignes, remplace les <u>dénominateurs</u> ;
- Dans les troisième et quatrième lignes, remplace les <u>numérateurs</u> ;
- Et dans les lignes restantes, remplace à nouveau les <u>dénominateurs</u>.

$\frac{1}{2}\ \frac{5}{15}\ \frac{6}{14}\ \frac{3}{10}\ \frac{4}{15}\ \frac{18}{21}\ \frac{9}{18}$!

....

$\frac{22}{10}$ ' $\frac{9}{1}\ \frac{2}{4}\ \frac{10}{15}\ \frac{26}{18}\ \frac{3}{5}\quad \frac{6}{12}\ \frac{6}{5}\ \frac{14}{19}\quad \frac{20}{5}\ \frac{2}{14}\ \frac{5}{9}\ \frac{4}{7}\ \frac{12}{13}\ \frac{12}{5}\ \frac{23}{19}$!

....

$\frac{3}{10}\ \frac{15}{17}\ \frac{12}{26}\ \frac{15}{4}\ \frac{18}{6}\ \frac{9}{4}\ \frac{5}{1}$ - $\frac{13}{18}\ \frac{15}{3}\ \frac{9}{11}\quad \frac{3}{7}\ \frac{8}{5}\ \frac{1}{17}\ \frac{17}{8}\ \frac{21}{1}\ \frac{5}{2}$

....

$\frac{6}{4}\ \frac{15}{3}\ \frac{9}{10}\ \frac{19}{9}\quad \frac{17}{26}\ \frac{21}{21}\ \frac{5}{6}\quad \frac{20}{4}\ \frac{21}{6}\quad \frac{13}{24}\ \frac{5}{15}\quad \frac{22}{6}\ \frac{15}{4}\ \frac{9}{1}\ \frac{19}{1}$.

....

$\frac{2}{1}\quad \frac{15}{12}\ \frac{5}{1}\quad \frac{3}{6}\ \frac{13}{9}\ \frac{18}{14}\quad \frac{9}{4}\ \frac{20}{21}\quad \frac{19}{12}\ \frac{6}{9}\ \frac{18}{22}\ \frac{4}{18}\ \frac{7}{5}$,

....

$\frac{29}{10}\ \frac{12}{5}\quad \frac{14}{20}$ ' $\frac{25}{1}\ \frac{14}{9}\ \frac{7}{4}\ \frac{13}{5}\ \frac{17}{18}\ \frac{26}{1}\ \frac{13}{9}\quad \frac{8}{1}$

....

$\frac{17}{20}\ \frac{26}{18}\ \frac{22}{15}\ \frac{2}{21}\ \frac{4}{22}\ \frac{8}{5}\ \frac{11}{18}\quad \frac{19}{21}\ \frac{2}{14}\quad \frac{4}{3}\ \frac{25}{15}\ \frac{1}{4}\ \frac{6}{5}$.

....

EXERCICE 2

1. Quelle fraction correspond à chaque dessin ? Relie-les.

$\frac{3}{6}$ $\frac{2}{3}$ $\frac{2}{4}$ $\frac{6}{8}$ $\frac{1}{4}$ $\frac{4}{8}$ $\frac{4}{12}$ $\frac{3}{6}$ $\frac{3}{16}$ $\frac{1}{6}$ $\frac{4}{16}$ $\frac{5}{8}$

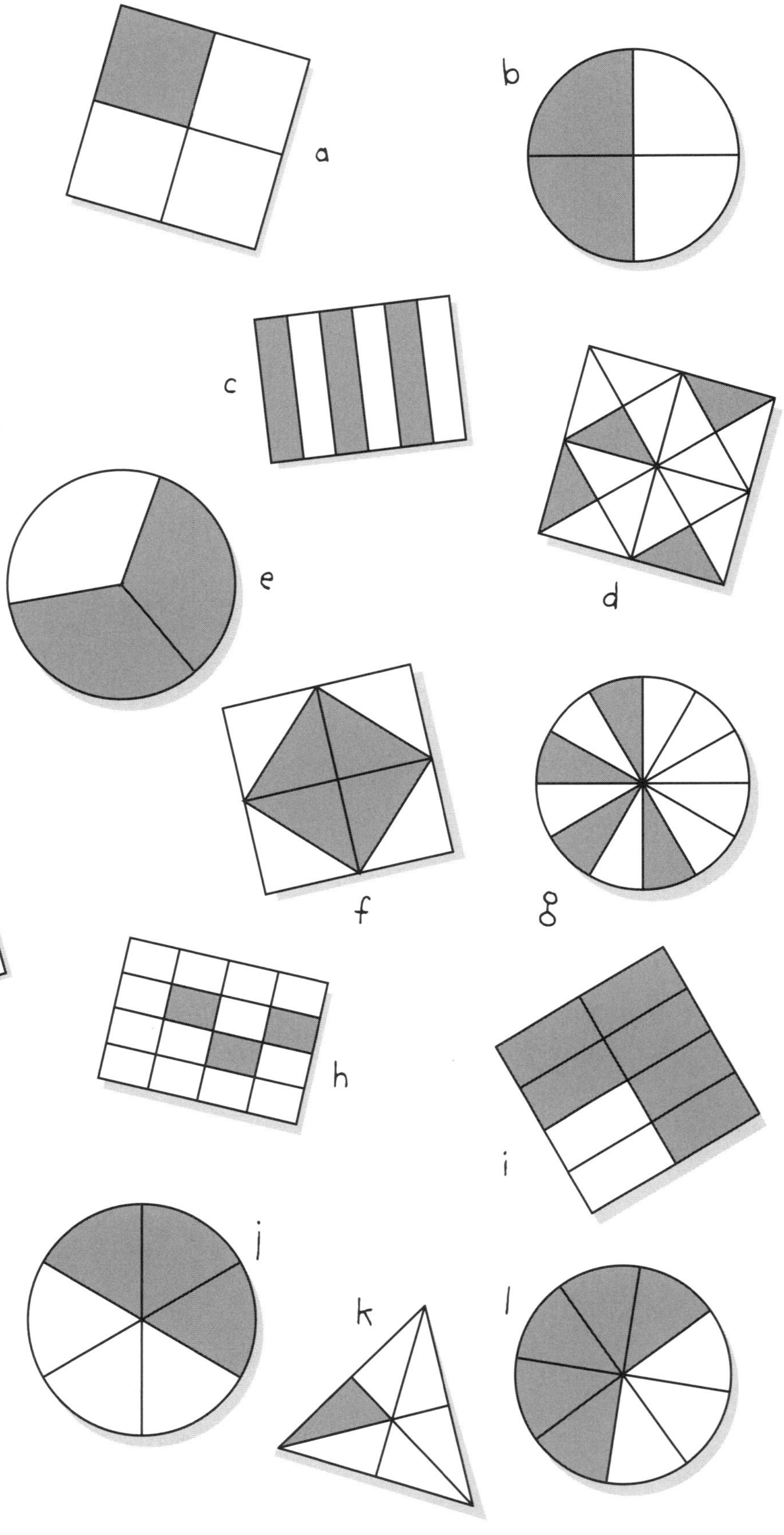

2. Essaie maintenant de faire le contraire ! Prends tes crayons de couleur et colorie la proportion indiquée par la fraction.

$\frac{3}{8}$ en violet

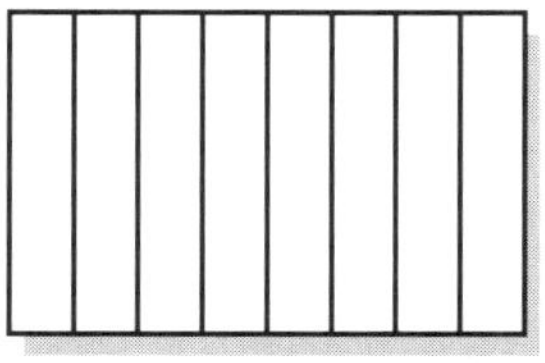

$\frac{2}{3}$ en bleu

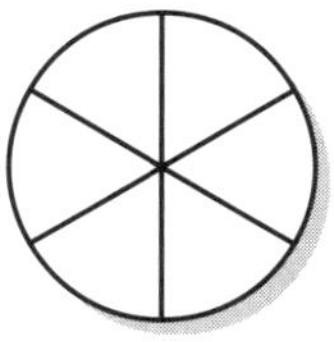

$\frac{2}{4}$ en jaune

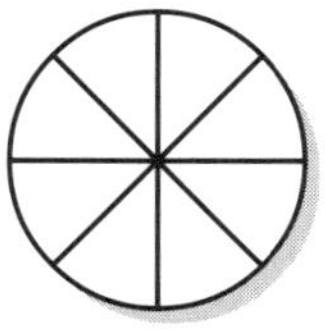

$\frac{15}{30}$ en orange

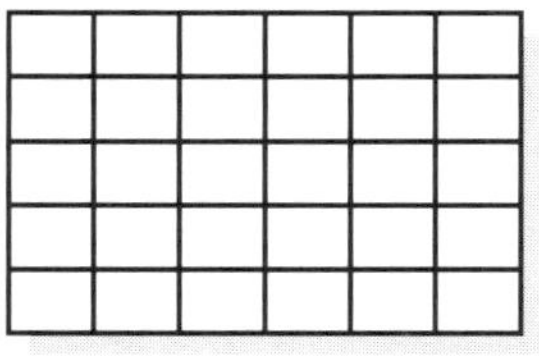

$\frac{3}{16}$ en rouge et $\frac{7}{16}$ en vert

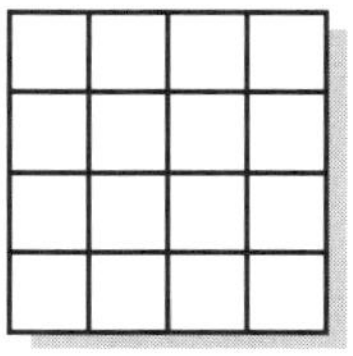

$\frac{1}{2}$ en vert

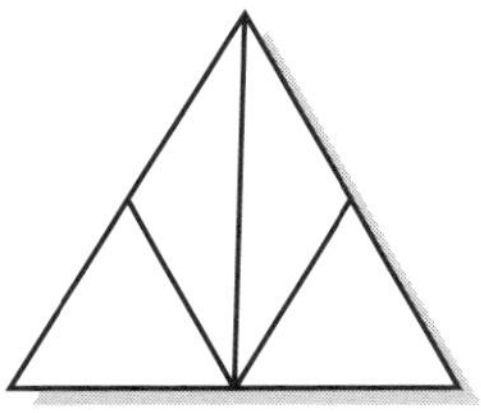

$\frac{4}{8}$ en rouge et $\frac{4}{8}$ en orange

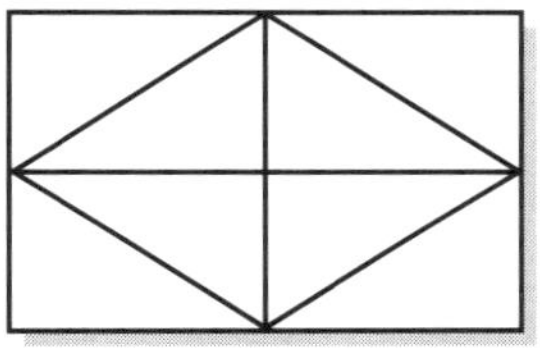

$\frac{1}{8}$ en violet et $\frac{2}{8}$ en jaune et $\frac{5}{8}$ en rouge

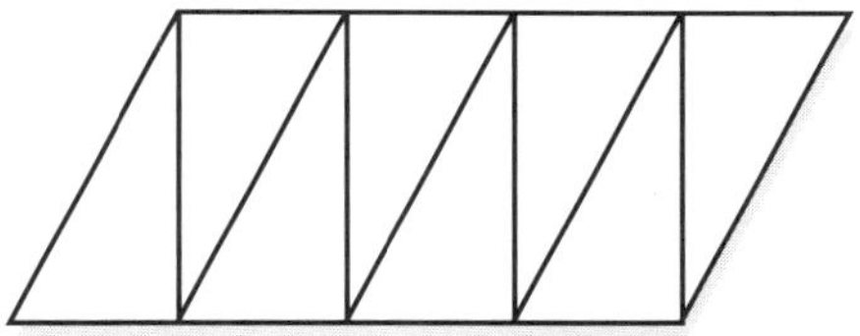

1er INDICE

Combien de délicieuses croquettes pour chat Cosinus a-t-il déjà mangées ? Il y en avait 20 dans son bol. Écris sur son ventre la fraction qui correspond à ce qu'il a mangé. N'oublie pas de simplifier.

EXERCICE 3

1. Quelle partie de ce dessin est :

en blanc : .... en gris : .... en hachuré : ....

Écris les fractions le plus simplement possible.

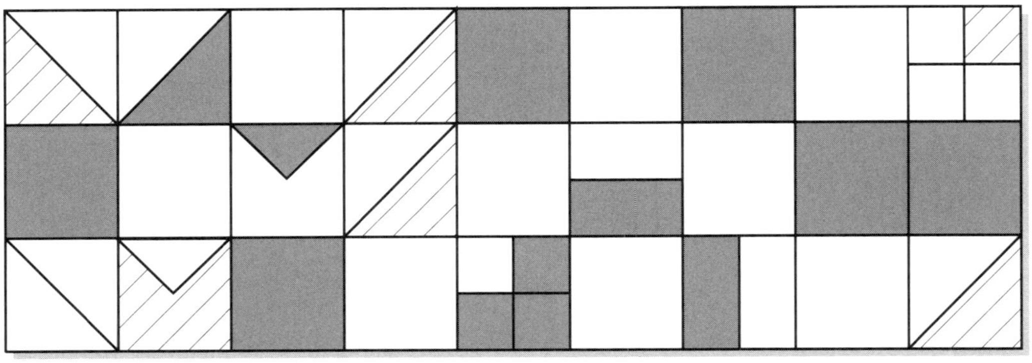

2. Colorie la partie 1 du drapeau en noir, la partie 2 en rouge et la partie 3 en jaune. Tu as dessiné le drapeau de l'Allemagne.

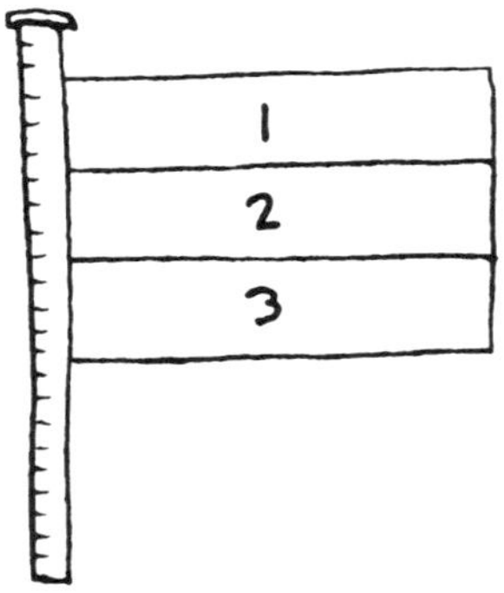

Quelle part de ce drapeau n'est pas rouge ? $\frac{\cdot}{\cdot}$

3. Quelle fraction de la lettre « L » est en gris ? $\frac{\cdot}{\cdot}$

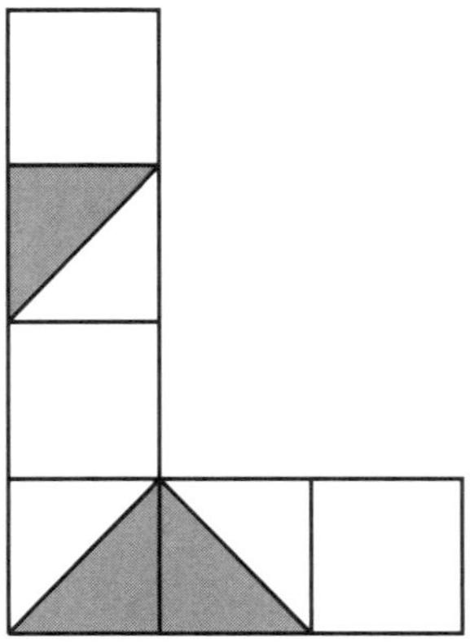

4. Colorie le drapeau de la république tchèque selon les indications :
   1. bleu 2. blanc 3. rouge
   Quelle part est restée blanche ? $\frac{\cdot}{\cdot}$

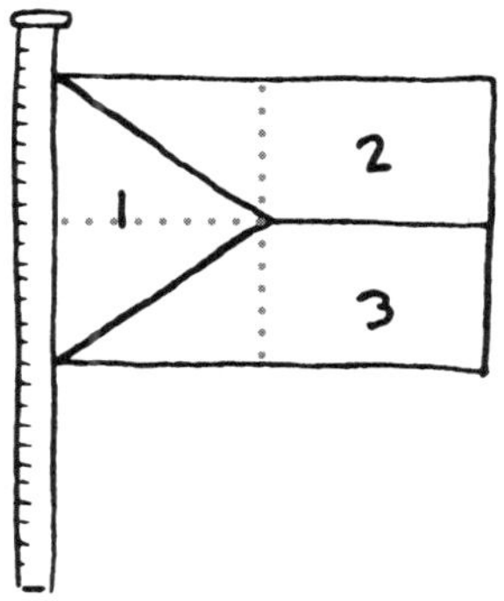

5. Quelle fraction de ce carré est grise ? $\frac{\cdot}{\cdot}$

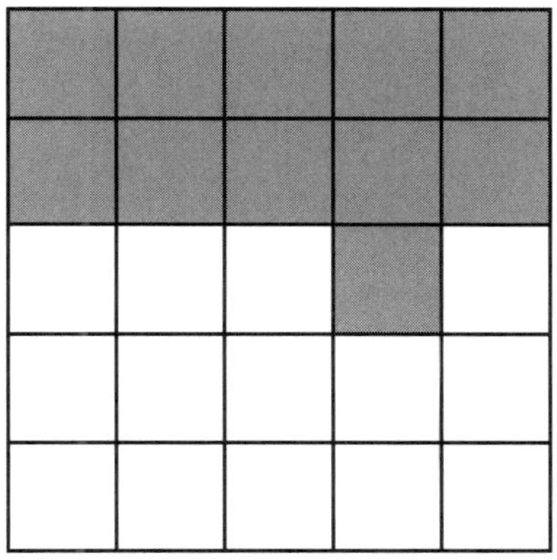

6. Colorie les drapeaux selon les indications :

France :	1. bleu	2. blanc	3. rouge
Pays-Bas :	1. rouge	2. blanc	3. bleu
Belgique :	1. noir	2. jaune	3. rouge

Dans quel drapeau la partie rouge est-elle la plus grande ? ....

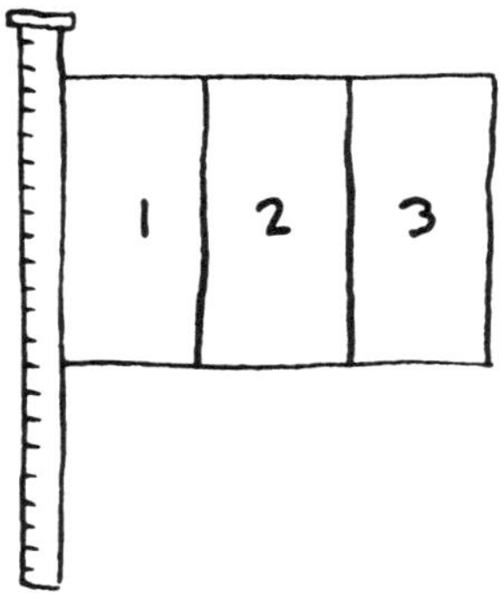

France

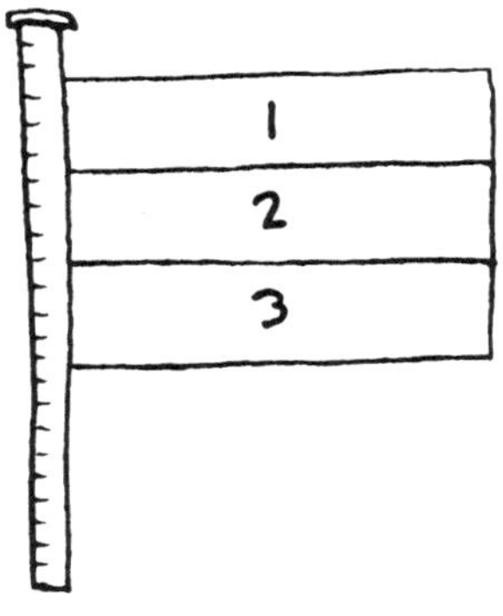

Pays-Bas

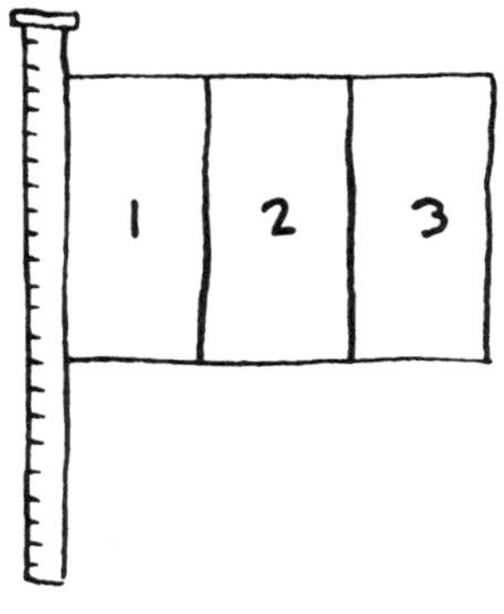

Belgique

EXERCICE 4 REPRÉSENTER UNE FRACTION PAR UN DESSIN

Le professeur Achedeuseau est un chimiste réputé.
Mais il a un gros problème ! Il est daltonien !
Peux-tu l'aider à remplir ce récipient ?

- aux $\frac{2}{16}$ d'un liquide jaune ;
- ensuite aux $\frac{3}{4}$ d'un liquide vert ;
- et finalement d'un liquide orange pour $\frac{1}{8}$.

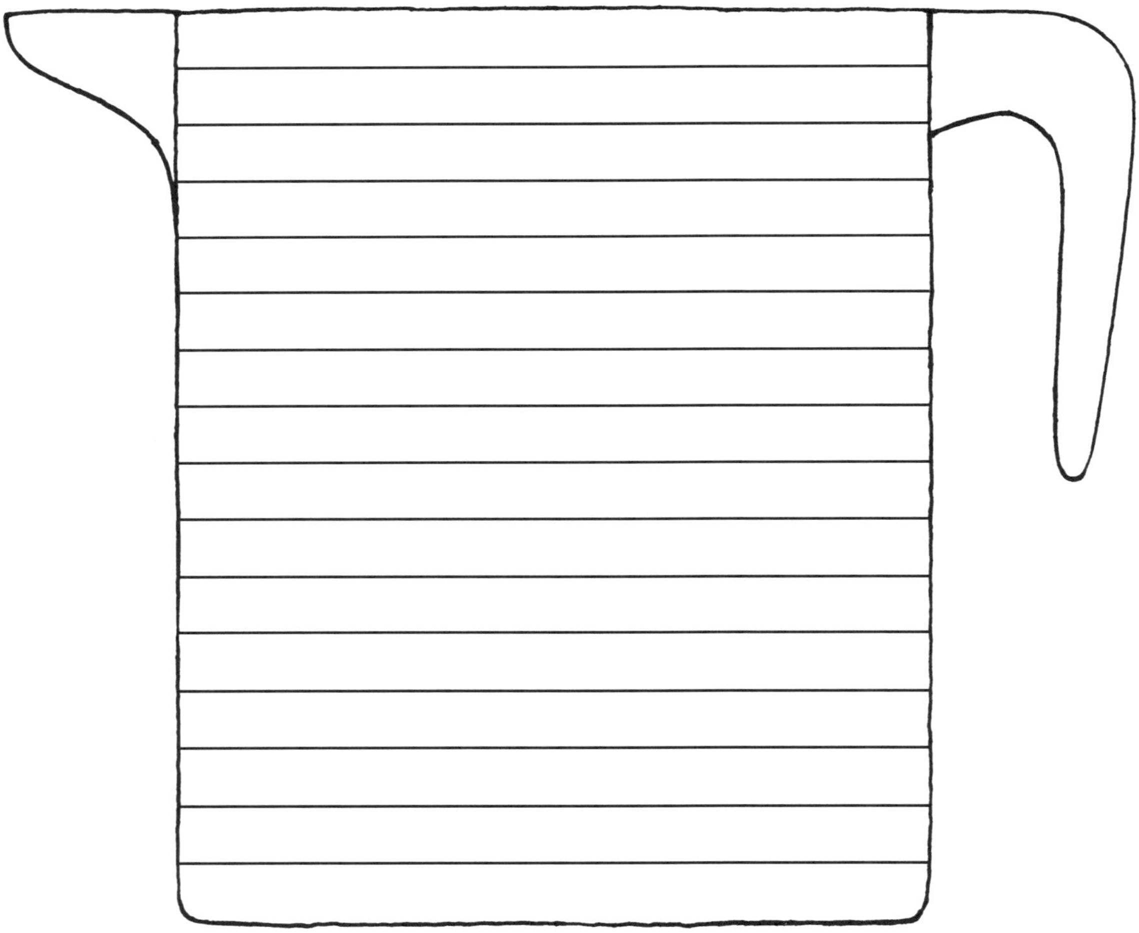

Le récipient va-t-il déborder ? Entoure la bonne réponse. Oui Non

EXERCICE 5

LES DIFFÉRENTS TYPES DE FRACTIONS

1. À l'aide ! Toutes les fractions sont en désordre ! Peux-tu les répartir dans les trois coffres ? Fais bien attention à leur nom !

$\frac{2}{8}$ $\frac{2}{5}$ $\frac{1}{6}$ $\frac{3}{4}$ $\frac{5}{8}$ $\frac{1}{3}$ $\frac{7}{8}$ $\frac{1}{2}$ $\frac{4}{8}$ $\frac{1}{9}$ $\frac{1}{7}$ $\frac{6}{11}$ $\frac{6}{8}$ $\frac{7}{3}$ $\frac{5}{7}$

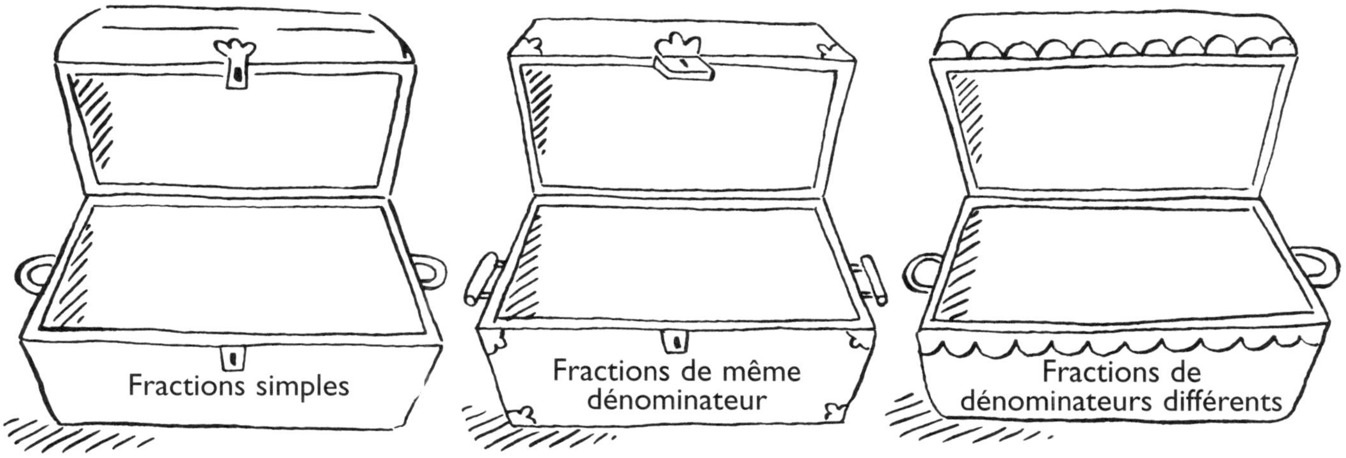

2. Cosinus, quel gourmand, veut toujours le plus gros morceau ! Aide-le à faire le bon choix en coloriant les fractions sur les lignes. Indique aussi sur les pointillés de quel type elles sont. Écris ensuite la plus grande des deux premières fractions sur son ventre.

$\frac{1}{4}$

$\frac{1}{8}$

Ce sont des fractions ....

2e INDICE

$\frac{2}{4}$

$\frac{3}{4}$

Ce sont des fractions ....

$\frac{5}{6}$

$\frac{3}{4}$

Ce sont des fractions ....

EXERCICE 6

1. Entoure $\frac{3}{4}$ des fleurs du dessin et colorie-les.

Je divise les fleurs en .... groupes. Je colorie les fleurs de .... groupes.

2. Entoure $\frac{3}{8}$ des bonbons du dessin et colorie-les.

Je divise les bonbons en .... groupes. Je colorie les bonbons de .... groupes.

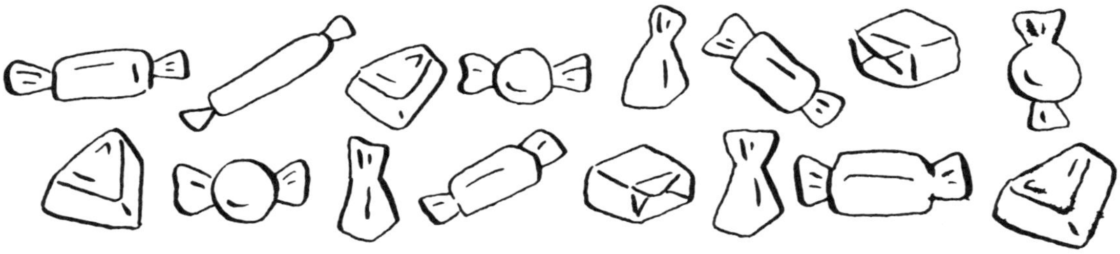

3. Entoure $\frac{4}{7}$ des pommes du dessin et colorie-les.

Je divise les pommes en .... groupes. Je colorie les pommes de .... groupes.

4. Colorie $\frac{2}{3}$ des poissons. Compte les poissons que tu viens de colorier et tu sauras combien Cosinus va en manger !

Il y a .... poissons dans le bocal.

Si Cosinus en attrape $\frac{2}{3}$,

il en mangera ....

5. Et maintenant sans les dessins :

$\frac{4}{6}$ de 48 = ...

$\frac{5}{11}$ de 88 = ...

$\frac{6}{6}$ de 96 = ...

$\frac{7}{8}$ de 72 = ...

$\frac{3}{8}$ de 1 000 = ...

$\frac{3}{4}$ de 100 = ...

$\frac{2}{3}$ de 126 = ...

$\frac{5}{7}$ de 91 = ...

$\frac{1}{3}$ de 27 = ...

$\frac{4}{8}$ de 64 = ...

$\frac{5}{9}$ de 54 = ...

$\frac{7}{6}$ de 96 = ...

6. Peux-tu le faire aussi avec des nombres décimaux ?

$\frac{3}{7}$ de 0,28 = ...

$\frac{2}{3}$ de 2,4 = ...

$\frac{4}{9}$ de 0,27 = ...

$\frac{5}{8}$ de 6,4 = ...

$\frac{5}{6}$ de 4,2 = ...

$\frac{2}{3}$ de 69,03 = ...

$\frac{3}{4}$ de 3,2 = ...

$\frac{1}{5}$ de 0,75 = ...

$\frac{2}{8}$ de 56,16 = ...

$\frac{2}{7}$ de 0,63 = ...

$\frac{2}{3}$ de 39,72 = ...

$\frac{4}{6}$ de 1,86 = ...

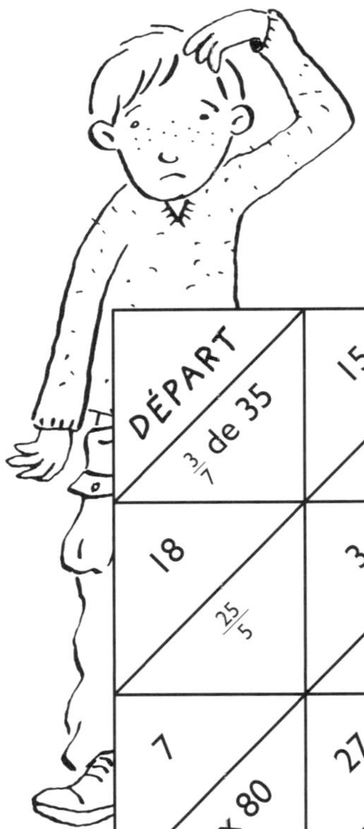

Thomas a perdu son jeu. Pour le retrouver, il doit avancer en assemblant deux triangles. Le deuxième triangle doit donner le résultat du premier. Ensuite, il faut chaque fois effectuer l'opération qui se trouve sous ce résultat et avancer ainsi de case en case.
Commence à la case DÉPART et aide Thomas en coloriant le bon chemin.

DÉPART / $\frac{3}{7}$ de 35	15 / $\frac{18}{6}$	4 / 100 - 50	40 / $\frac{5}{8}$ de 40	20 / $\frac{6}{9} \times 45$	20 / $\frac{1}{4} \times 100$	26 / $\frac{3}{5} \times 55$
18 / $\frac{25}{5}$	3 / $\frac{5}{6}$ de 30	25 / $\frac{2}{5} \times 35$	7 / $\frac{3}{7} \times 21$	8 / $\frac{1}{3} \times 99$	22 / $\frac{2}{5} \times 50$	28 / $\frac{2}{3} \times 12$
7 / $\frac{2}{8} \times 80$	27 / $\frac{3}{4} \times 36$	14 / $\frac{4}{9} \times 36$	18 / $\frac{1}{5} \times 100$	25 / $\frac{3}{5} \times 25$	47 / $\frac{5}{13} \times 26$	12 / $\frac{1}{2} \times 102$
35 / $\frac{1}{2} \times 100$	75 / $\frac{10}{25} \times 100$	16 / $\frac{2}{3} \times 42$	24 / $\frac{6}{9} \times 81$	54 / $\frac{6}{9} \times 81$	36 / $\frac{1}{2} \times 94$	45 / $\frac{17}{4}$
50 / $\frac{1}{2} \times 34$	30 / $\frac{3}{6} \times 54$	28 / $\frac{7}{9} \times 90$	45 / $\frac{5}{8} \times 24$	16 / $\frac{1}{8} \times 32$	49 / $\frac{2}{3} \times 48$	34 / $\frac{7}{9} \times 180$
18 / $\frac{1}{2} \times 76$	36 / $\frac{6}{7} \times 35$	70 / $\frac{7}{9} \times 180$	140 / $\frac{1}{7} \times 42$	6 / $\frac{9}{6} \times 16$	24 / $\frac{4}{9} \times 180$	80 / $\frac{5}{7} \times 21$
39 / $\frac{4}{9} \times 27$	22 / $\frac{4}{7} \times 84$	160 / $\frac{4}{6} \times 72$	47 / $\frac{1}{2} \times 50$	45 / $\frac{1}{9} \times 270$	72 / $\frac{4}{6} \times 48$	15 / ARRIVÉE

EXERCICE 8

SIMPLIFIER UNE FRACTION

Introduis chaque fraction dans la machine pour ainsi les simplifier au maximum.

TRUC !

Pour simplifier une fraction, il faut diviser son numérateur et son dénominateur par un même nombre.

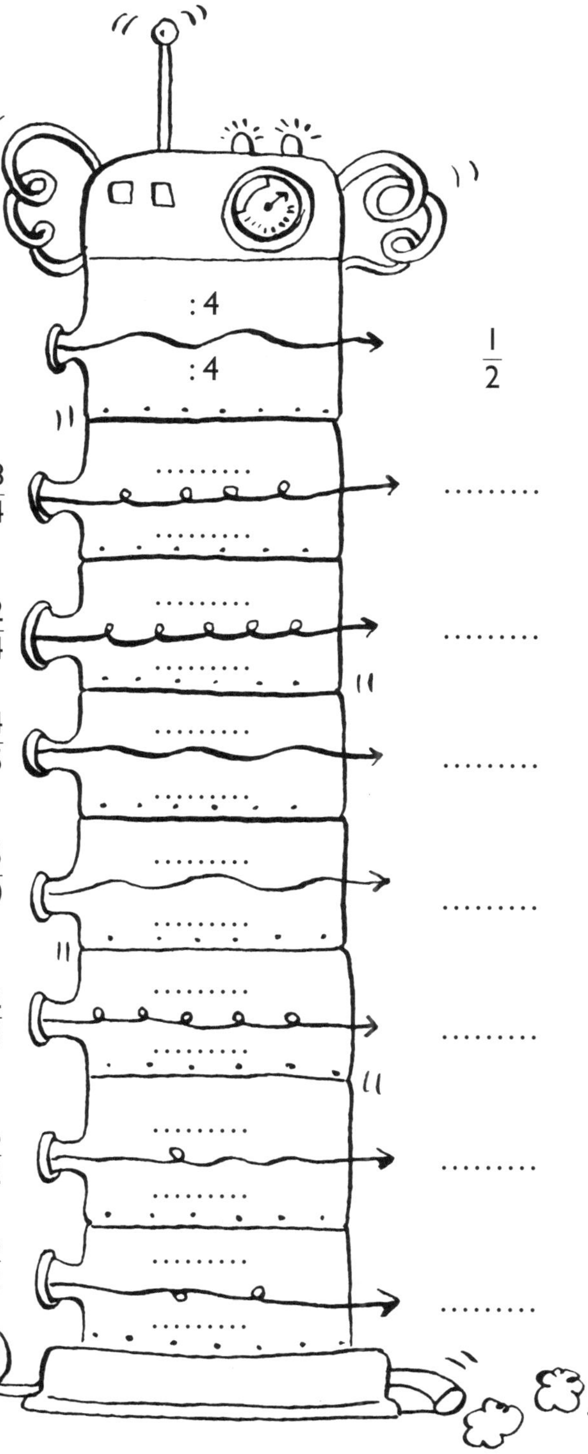

$\frac{4}{8}$ → $\frac{1}{2}$

$\frac{18}{24}$ → ....

$\frac{32}{64}$ → ....

$\frac{14}{35}$ → ....

$\frac{15}{60}$ → ....

$\frac{42}{63}$ → ....

$\frac{36}{72}$ → ....

$\frac{36}{42}$ → ....

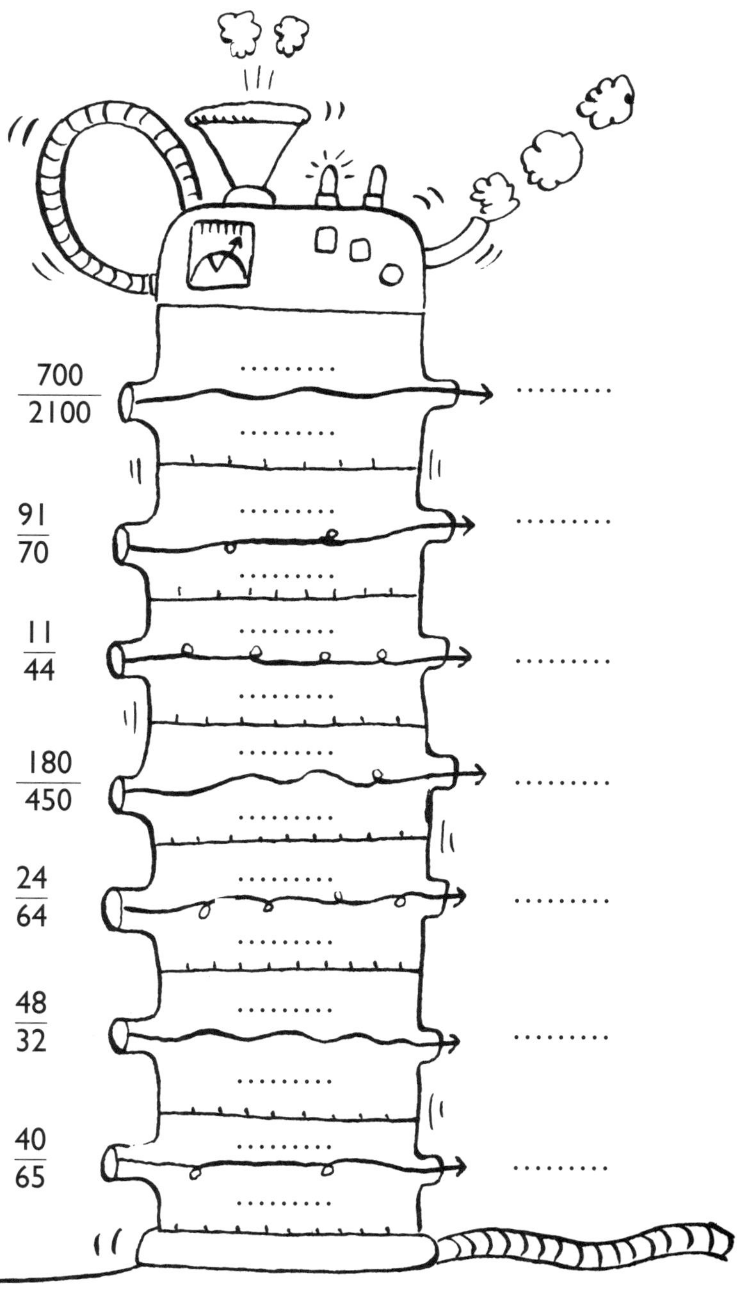

$\frac{700}{2100}$ → ....

$\frac{91}{70}$ → ....

$\frac{11}{44}$ → ....

$\frac{180}{450}$ → ....

$\frac{24}{64}$ → ....

$\frac{48}{32}$ → ....

$\frac{40}{65}$ → ....

EXERCICE 9 CONVERTIR UNE FRACTION EN NOMBRE ENTIER

Colorie de la même couleur les pièces du puzzle qui vont ensemble.

EXERCICE 10 CONVERTIR UNE FRACTION EN NOMBRE ENTIER

Place les fractions dans les bons bocaux.

$\frac{81}{27}$ $\frac{40}{20}$ $\frac{180}{60}$ $\frac{18}{9}$ $\frac{3}{3}$ $\frac{36}{18}$ $\frac{100}{100}$ $\frac{18}{18}$ $\frac{21}{7}$ $\frac{8}{4}$ $\frac{7}{7}$ $\frac{45}{15}$ $\frac{50}{25}$ $\frac{15}{5}$ $\frac{12}{4}$ $\frac{224}{112}$ $\frac{20}{20}$ $\frac{105}{35}$

Nombre entier 1 | Nombre entier 2 | Nombre entier 3

3e INDICE

EXERCICE 11

FRACTIONS ET NOMBRES ENTIERS

1. Complète chaque pétale pour que le résultat de l'opération soit le nombre entier écrit dans le cœur de la fleur.

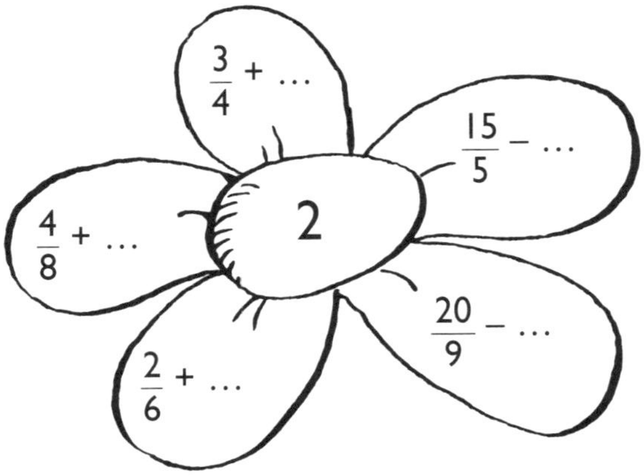

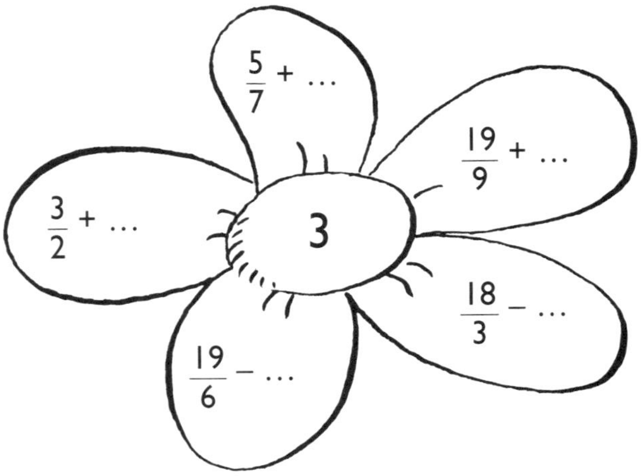

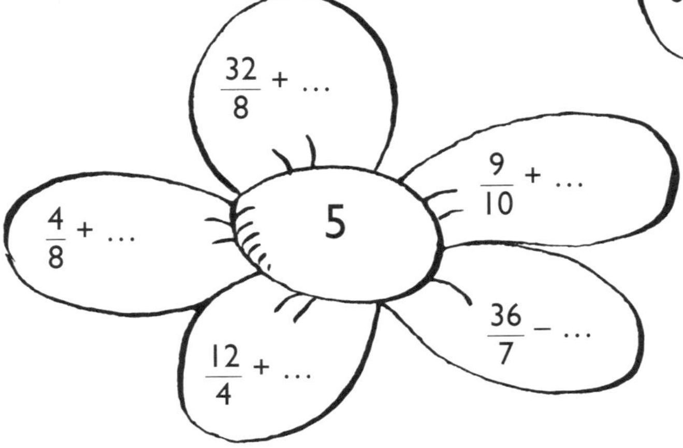

2. Où se situent les nombres entiers 1, 2 et 3 sur cette ligne ? Écris chaque chiffre à la bonne place.

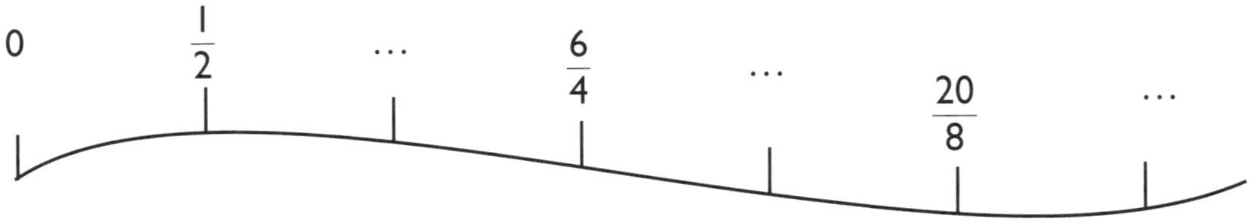

4ᵉ INDICE

....

Dans chaque série, entoure tous les nombres entiers. Écris ensuite le plus grand près de Cosinus.

$\frac{3}{7}$ $\frac{6}{15}$ $\frac{15}{15}$ $\frac{32}{16}$ $\frac{2}{3}$ $\frac{4}{5}$

$\frac{12}{4}$ $\frac{24}{12}$ $\frac{117}{118}$ $\frac{8}{2}$ $\frac{6}{9}$ $\frac{1}{8}$

EXERCICE 12

TRANSFORMER DES NOMBRES EN FRACTIONS

Retrouve dans chaque rangée la fraction qui correspond au nombre énoncé avant la ligne pointillée. Entoure la bonne réponse et colorie dans l'éléphant du bas le triangle correspondant. Le premier exercice est déjà résolu pour t'aider.

①	$4\frac{1}{8}$	$\frac{5}{8}$	$\frac{1}{12}$	$\frac{17}{8}$	$\frac{33}{8}$ (entouré)
②	$3\frac{1}{6}$	$\frac{2}{9}$	$\frac{19}{6}$	$\frac{4}{6}$	$\frac{20}{6}$
③	$1\frac{5}{7}$	$\frac{12}{7}$	$\frac{6}{7}$	$\frac{5}{8}$	$\frac{17}{7}$
④	$2\frac{1}{4}$	$\frac{9}{4}$	$\frac{1}{6}$	$\frac{6}{4}$	$\frac{3}{4}$
⑤	$4\frac{3}{5}$	$\frac{6}{5}$	$\frac{23}{5}$	$\frac{3}{8}$	$\frac{21}{5}$
⑥	$5\frac{6}{9}$	$\frac{50}{9}$	$\frac{6}{14}$	$\frac{51}{9}$	$\frac{11}{14}$
⑦	$7\frac{1}{2}$	$\frac{15}{2}$	$\frac{8}{2}$	$\frac{18}{2}$	$\frac{1}{10}$
⑧	$3\frac{1}{3}$	$\frac{10}{3}$	$\frac{4}{6}$	$\frac{8}{3}$	$\frac{2}{6}$

⑨	$11\frac{1}{3}$	$\frac{34}{3}$	$\frac{22}{3}$	$\frac{12}{3}$	$\frac{1}{14}$
⑩	$4\frac{5}{9}$	$\frac{41}{9}$	$\frac{9}{9}$	$\frac{5}{13}$	$\frac{20}{9}$
⑪	$2\frac{4}{6}$	$\frac{14}{6}$	$\frac{4}{8}$	$\frac{16}{6}$	$\frac{8}{6}$
⑫	$3\frac{3}{4}$	$\frac{9}{12}$	$\frac{3}{12}$	$\frac{19}{4}$	$\frac{15}{4}$
⑬	$5\frac{3}{7}$	$\frac{8}{7}$	$\frac{15}{7}$	$\frac{38}{7}$	$\frac{35}{7}$
⑭	$1\frac{1}{10}$	$\frac{1}{100}$	$\frac{1}{11}$	$\frac{11}{10}$	$\frac{2}{10}$
⑮	$4\frac{3}{8}$	$\frac{7}{8}$	$\frac{12}{8}$	$\frac{35}{8}$	$\frac{12}{32}$
⑯	$6\frac{4}{5}$	$\frac{24}{5}$	$\frac{10}{5}$	$\frac{34}{5}$	$\frac{32}{5}$

EXERCICE 13 TROUVER LES DÉNOMINATEURS COMMUNS

Pour que des fractions soient équivalentes, il faut que leur dénominateur soit commun. Attention, n'oublie pas de modifier aussi le numérateur ! Regarde l'exemple et rends ces fractions équivalentes. Utilise les dénominateurs que tu vois dans les cases.

Exemple : $\frac{2}{3}$ et $\frac{4}{5}$ ⟶ $\frac{10}{15}$ et $\frac{12}{15}$ (x 5, x 3 ; x 5, x 3)

TRUC !
Tu peux parfois conserver l'un des dénominateurs. Cela se produit lorsque le petit dénominateur peut être multiplié par un nombre entier pour donner le grand dénominateur. Tu conserveras donc le grand dénominateur.

$\frac{2}{9}$ et $\frac{2}{4}$ devient $\frac{\cdot}{\cdot}$ et $\frac{\cdot}{\cdot}$

$\frac{2}{5}$ et $\frac{4}{10}$ devient $\frac{\cdot}{\cdot}$ et $\frac{\cdot}{\cdot}$

$\frac{6}{7}$ et $\frac{4}{5}$ devient $\frac{\cdot}{\cdot}$ et $\frac{\cdot}{\cdot}$

$\frac{3}{4}$ et $\frac{2}{3}$ devient $\frac{\cdot}{\cdot}$ et $\frac{\cdot}{\cdot}$

$\frac{3}{8}$ et $\frac{5}{6}$ devient $\frac{\cdot}{\cdot}$ et $\frac{\cdot}{\cdot}$

$\frac{7}{9}$ et $\frac{1}{3}$ devient $\frac{\cdot}{\cdot}$ et $\frac{\cdot}{\cdot}$

$\frac{2}{6}$ et $\frac{4}{18}$ devient $\frac{\cdot}{\cdot}$ et $\frac{\cdot}{\cdot}$

$\frac{3}{4}$ et $\frac{63}{100}$ devient $\frac{\cdot}{\cdot}$ et $\frac{\cdot}{\cdot}$

$\frac{2}{7}$ et $\frac{9}{21}$ devient $\frac{\cdot}{\cdot}$ et $\frac{\cdot}{\cdot}$

$\frac{3}{5}$ et $\frac{19}{35}$ devient $\frac{\cdot}{\cdot}$ et $\frac{\cdot}{\cdot}$

$\frac{72}{80}$ et $\frac{10}{16}$ devient $\frac{\cdot}{\cdot}$ et $\frac{\cdot}{\cdot}$

$\frac{7}{9}$ et $\frac{6}{8}$ devient $\frac{\cdot}{\cdot}$ et $\frac{\cdot}{\cdot}$

$\frac{5}{16}$ et $\frac{1}{3}$ devient $\frac{\cdot}{\cdot}$ et $\frac{\cdot}{\cdot}$

24 9 12 10 72 36 35 18 100 35 80 48 21

EXERCICE 14

Mets de l'ordre dans ces ensembles en fonction de la grandeur des animaux. Dans chaque ensemble, relie chaque fois la plus petite fraction à la souris et la plus grande à l'éléphant. Quelles fractions correspondent au lapin et au mouton ?

ENSEMBLE 1

$\frac{11}{12}$ $\frac{7}{12}$ $\frac{4}{12}$ $\frac{1}{12}$

ENSEMBLE 2

$\frac{26}{26}$ $\frac{3}{4}$ $\frac{8}{7}$ $\frac{7}{12}$

ENSEMBLE 3

$\frac{1}{4}$ $\frac{1}{7}$ $\frac{1}{10}$ $\frac{1}{2}$

ENSEMBLE 4

$\frac{5}{18}$ $\frac{2}{3}$ $\frac{2}{9}$ $\frac{1}{2}$

EXERCICE 15

SITUER DES FRACTIONS SUR UNE LIGNE

1. Place chaque fraction au bon endroit sur la ligne.

$\frac{8}{8}$ $\frac{3}{4}$ $\frac{2}{20}$ $\frac{3}{5}$ $\frac{11}{10}$

$\frac{2}{3}$ $\frac{4}{9}$ $\frac{14}{7}$ $\frac{10}{18}$ $\frac{19}{9}$

$\frac{5}{4}$ $\frac{9}{12}$ $\frac{18}{8}$ $\frac{1}{2}$ $\frac{21}{7}$

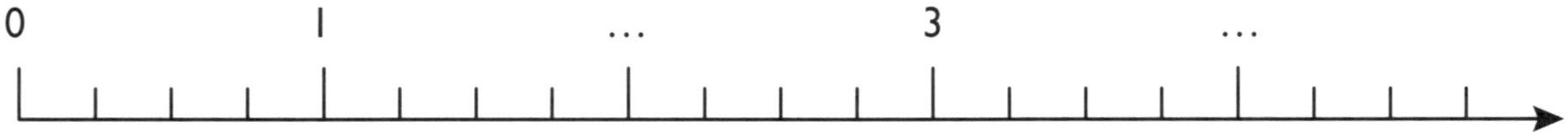

2. Relie chaque fraction à l'endroit précis où elle doit se trouver sur la ligne.

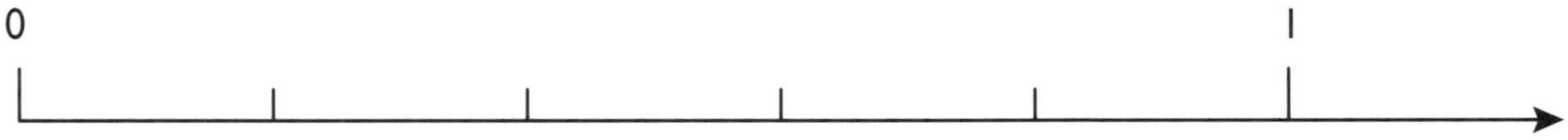

$\frac{3}{5}$ $\frac{6}{15}$ $\frac{8}{10}$ $\frac{1}{5}$

EXERCICE 16

ADDITIONNER ET SOUSTRAIRE

Additionne et soustrais ces fractions de même dénominateur. Colorie ensuite les réponses dans le tableau du bas et tu découvriras un nombre secret. Attention, dans tes réponses, tu devras encore simplifier certaines fractions !

$\frac{1}{7} + \frac{2}{7} =$ .... $\frac{18}{19} - \frac{17}{19} =$ .... $\frac{7}{2} + \frac{1}{2} =$ .... = ...

$\frac{3}{8} + \frac{2}{8} =$ .... $\frac{4}{7} + \frac{2}{7} =$ .... $\frac{2}{8} + \frac{2}{8} =$ .... = ...

$\frac{1}{24} + \frac{9}{24} =$ .... $\frac{8}{9} - \frac{2}{9} =$ .... = ... $\frac{18}{36} + \frac{1}{36} =$ ....

$\frac{3}{4} - \frac{2}{4} =$ .... $\frac{7}{16} + \frac{2}{16} =$ .... $\frac{3}{8} - \frac{1}{8} =$ .... = ...

$\frac{8}{30} - \frac{7}{30} =$ .... $\frac{1}{3} + \frac{2}{3} =$ .... = ... $\frac{25}{15} - \frac{20}{15} =$ .... = ...

$\frac{13}{6} - \frac{6}{6} =$ .... $\frac{4}{9} + \frac{2}{9} =$ .... $\frac{5}{10} + \frac{4}{10} =$ ....

$\frac{56}{90} + \frac{31}{90} =$ .... $\frac{100}{101} - \frac{99}{101} =$ .... $\frac{12}{13} - \frac{9}{13} =$ ....

$\frac{1}{31}$	2	$\frac{2}{12}$	$\frac{3}{7}$	$\frac{5}{16}$	$\frac{1}{2}$	$\frac{1}{4}$	$\frac{6}{7}$	$\frac{9}{16}$	$\frac{2}{9}$
$\frac{21}{31}$	$\frac{5}{16}$	1	$\frac{1}{19}$	$\frac{9}{20}$	$\frac{5}{8}$	$\frac{45}{15}$	5	$\frac{10}{24}$	$\frac{1}{10}$
$\frac{6}{11}$	$\frac{1}{30}$	$\frac{19}{72}$	$\frac{2}{3}$	$\frac{8}{32}$	$\frac{1}{101}$	$\frac{3}{14}$	$\frac{6}{14}$	$\frac{1}{3}$	$\frac{3}{6}$
$\frac{199}{101}$	0	$\frac{15}{33}$	$\frac{1}{4}$	$\frac{17}{36}$	$\frac{9}{10}$	$\frac{7}{9}$	$\frac{14}{23}$	$\frac{6}{9}$	3
10	$\frac{45}{30}$	$\frac{21}{26}$	$\frac{19}{36}$	$\frac{1}{202}$	4	$\frac{7}{6}$	$\frac{3}{13}$	$\frac{87}{90}$	$\frac{7}{12}$

TRUC !
Ne touche pas aux dénominateurs !

Le nombre secret est ....

Additionne et soustrais ces fractions de dénominateurs différents. Trouve d'abord les dénominateurs communs. Simplifie ensuite les fractions quand c'est possible.

$\frac{3}{4} + \frac{2}{5} = \frac{\cdot}{\cdot} + \frac{\cdot}{\cdot} = \frac{\cdot}{\cdot}$

$\frac{3}{4} - \frac{1}{2} = \frac{\cdot}{\cdot} - \frac{\cdot}{\cdot} = \frac{\cdot}{\cdot}$

$\frac{8}{7} + \frac{2}{8} = \frac{\cdot}{\cdot} + \frac{\cdot}{\cdot} = \frac{\cdot}{\cdot}$

$\frac{5}{10} + \frac{3}{5} = \frac{\cdot}{\cdot} + \frac{\cdot}{\cdot} = \frac{\cdot}{\cdot}$

$\frac{3}{12} - \frac{1}{10} = \frac{\cdot}{\cdot} - \frac{\cdot}{\cdot} = \frac{\cdot}{\cdot}$

$\frac{5}{7} - \frac{1}{3} = \frac{\cdot}{\cdot} - \frac{\cdot}{\cdot} = \frac{\cdot}{\cdot}$

$\frac{9}{9} + \frac{27}{37} = \frac{\cdot}{\cdot} + \frac{\cdot}{\cdot} = \frac{\cdot}{\cdot}$

$\frac{8}{15} + \frac{3}{30} = \frac{\cdot}{\cdot} + \frac{\cdot}{\cdot} = \frac{\cdot}{\cdot}$

$\frac{4}{5} - \frac{2}{3} = \frac{\cdot}{\cdot} - \frac{\cdot}{\cdot} = \frac{\cdot}{\cdot}$

$\frac{5}{8} + \frac{2}{3} = \frac{\cdot}{\cdot} + \frac{\cdot}{\cdot} = \frac{\cdot}{\cdot}$

$\frac{7}{9} - \frac{2}{6} = \frac{\cdot}{\cdot} - \frac{\cdot}{\cdot} = \frac{\cdot}{\cdot}$

5ᵉ INDICE

As-tu résolu chaque calcul ? Prends alors le résultat du premier exercice. Soustrais 3/20 à ce nombre. Note la réponse sur le panneau que tient Cosinus. N'oublie pas de d'abord simplifier !

Résous chaque calcul et relie chaque réponse à celle qui le suit. Tu découvriras ainsi ce que Bébert - quel distrait ! - a oublié d'emporter. Peut-être devra-t-il attendre longtemps devant sa porte. Sais-tu pourquoi ?

TRUC !

Pour multiplier deux fractions, tu multiplies ensemble les numérateurs, puis tu fais de même avec les dénominateurs.

$$\frac{N}{D} \times \frac{N}{D} = \frac{N \times N}{D \times D}$$

Pour diviser deux fractions, tu multiplies la première fraction avec la deuxième inversée, c'est-à-dire après avoir inversé son numérateur et son dénominateur.

$$\frac{N1}{D1} : \frac{N2}{D2} = \frac{N1}{D1} \times \frac{D2}{N2} = \frac{N1 \times D2}{D1 \times N2}$$

1) $\frac{1}{2} \times \frac{1}{3} =$ ......

2) $\frac{3}{4} : 5 =$ ......

3) $\frac{4}{7} \times 3 =$ ......

4) $\frac{8}{2} \times \frac{9}{3} =$ ......

5) $\frac{2}{6} : \frac{4}{3} =$ ......

6) $2 : \frac{1}{2} =$ ......

7) $\frac{3}{3} : 9 =$ ......

8) $6 \times \frac{1}{4} =$ ......

9) $5 \times \frac{1}{5} =$ ......

10) $\frac{2}{9} \times \frac{3}{9} =$ ......

11) $\frac{1}{4} \times 8 =$ ......

12) $\frac{15}{3} : 15 =$ ......

13) $2 \times \frac{3}{7} =$ ......

14) $1\frac{3}{2} : 8 =$ ......

15) $6 : 3\frac{2}{5} =$ ......

16) $\frac{2}{8} \times 12 =$ ......

17) $\frac{35}{7} \times 3 =$ ......

18) $\frac{1}{6} : \frac{5}{1} =$ ......

19) $\frac{1}{48} : \frac{1}{8} =$ ......

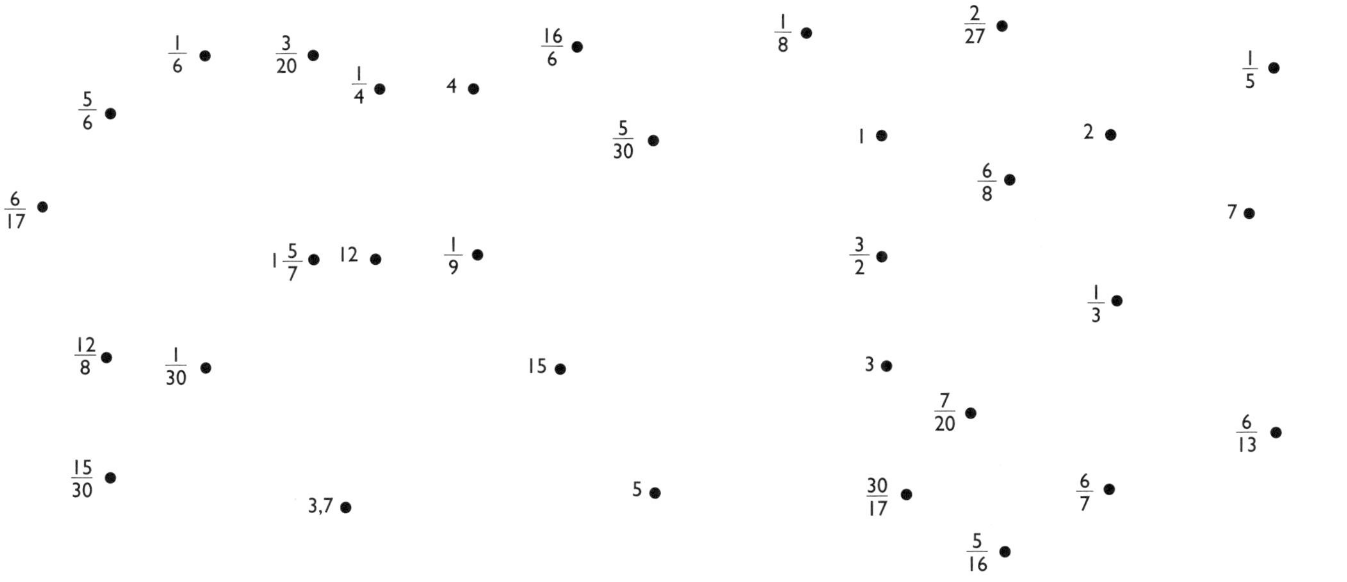

Peux-tu transformer ces fractions en nombres décimaux ?

$\frac{4}{10}$ = ..., ...

$\frac{37}{100}$ = ..., ...

$\frac{1318}{1000}$ = ..., ...

$\frac{18}{40} = \frac{\cdot}{\cdot}$ = ..., ...

$\frac{27}{90} = \frac{\cdot}{\cdot}$ = ..., ...

$\frac{4}{8} = \frac{\cdot}{\cdot}$ = ..., ...

$\frac{3}{12} = \frac{\cdot}{\cdot}$ = ..., ...

$\frac{70}{125} = \frac{\cdot}{\cdot}$ = ..., ...

$\frac{2}{5} = \frac{\cdot}{\cdot}$ = ..., ...

$\frac{3}{4} = \frac{\cdot}{\cdot}$ = ..., ...

$\frac{1}{2} = \frac{\cdot}{\cdot}$ = ..., ...

$\frac{12}{15} = \frac{\cdot}{\cdot}$ = ..., ...

$\frac{36}{60} = \frac{\cdot}{\cdot}$ = ..., ...

$\frac{21}{30} = \frac{\cdot}{\cdot}$ = ..., ...

$\frac{63}{70} = \frac{\cdot}{\cdot}$ = ..., ...

$\frac{75}{50} = \frac{\cdot}{\cdot}$ = ..., ...

$\frac{150}{250} = \frac{\cdot}{\cdot}$ = ..., ...

TRUC !

Pour transformer une fraction en un nombre décimal, tu dois d'abord transformer le dénominateur en 10, 100 ou 1000.

Écris les fractions suivantes en nombres décimaux. Transforme d'abord le dénominateur en 10, 100 ou 1000, puis écris ta réponse sur les pointillés. Toutes les bonnes réponses se trouvent dans le jackpot. Colorie chaque bonne réponse et tu découvriras le chiffre gagnant !

$\frac{2}{5} = \frac{\cdot}{10} =$ .... , ...

$\frac{3}{4} = \frac{\cdot}{\cdot} =$ .... , ...

$\frac{8}{100} = \frac{\cdot}{\cdot} =$ .... , ...

$\frac{3}{20} = \frac{\cdot}{\cdot} =$ .... , ...

$\frac{15}{4} = \frac{\cdot}{\cdot} =$ .... , ...

$\frac{6}{10} = \frac{\cdot}{\cdot} =$ .... , ...

$\frac{7}{8} = \frac{\cdot}{\cdot} =$ .... , ...

$\frac{18}{10} = \frac{\cdot}{\cdot} =$ .... , ...

$\frac{5}{1\,000} = \frac{\cdot}{\cdot} =$ .... , ...

$\frac{9}{10} = \frac{\cdot}{\cdot} =$ .... , ...

$\frac{1}{2} = \frac{\cdot}{\cdot} =$ .... , ...

$\frac{1}{8} = \frac{\cdot}{\cdot} =$ .... , ...

$\frac{3}{2} = \frac{\cdot}{\cdot} =$ .... , ...

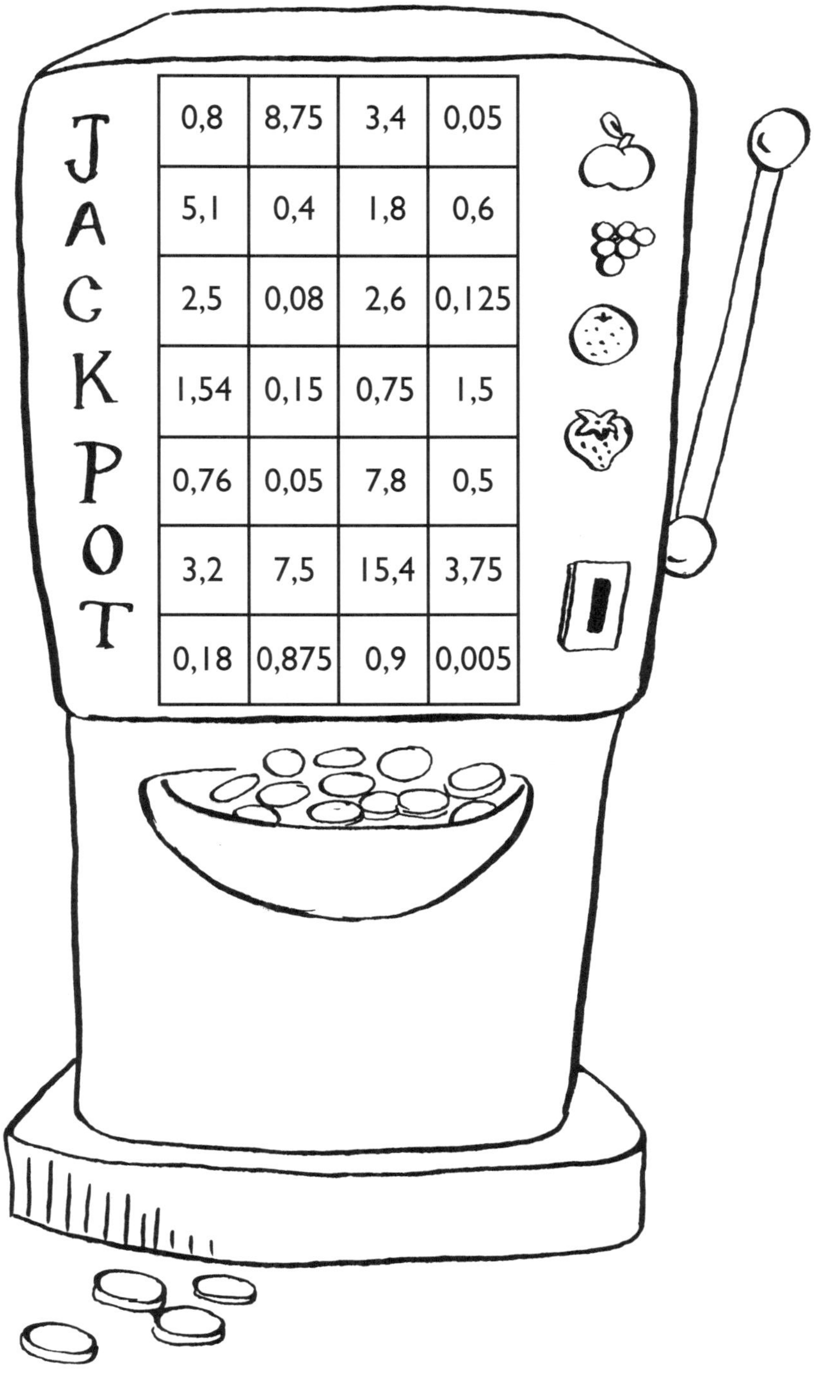

0,8	8,75	3,4	0,05
5,1	0,4	1,8	0,6
2,5	0,08	2,6	0,125
1,54	0,15	0,75	1,5
0,76	0,05	7,8	0,5
3,2	7,5	15,4	3,75
0,18	0,875	0,9	0,005

Alex a oublié le numéro de téléphone de son ami. Aide-le à le retrouver. Fais d'abord les calculs et remplis la grille des « chiffres croisés ». Note ensuite, de gauche à droite et ligne par ligne, les chiffres que tu trouves dans les cases entourées de gras.

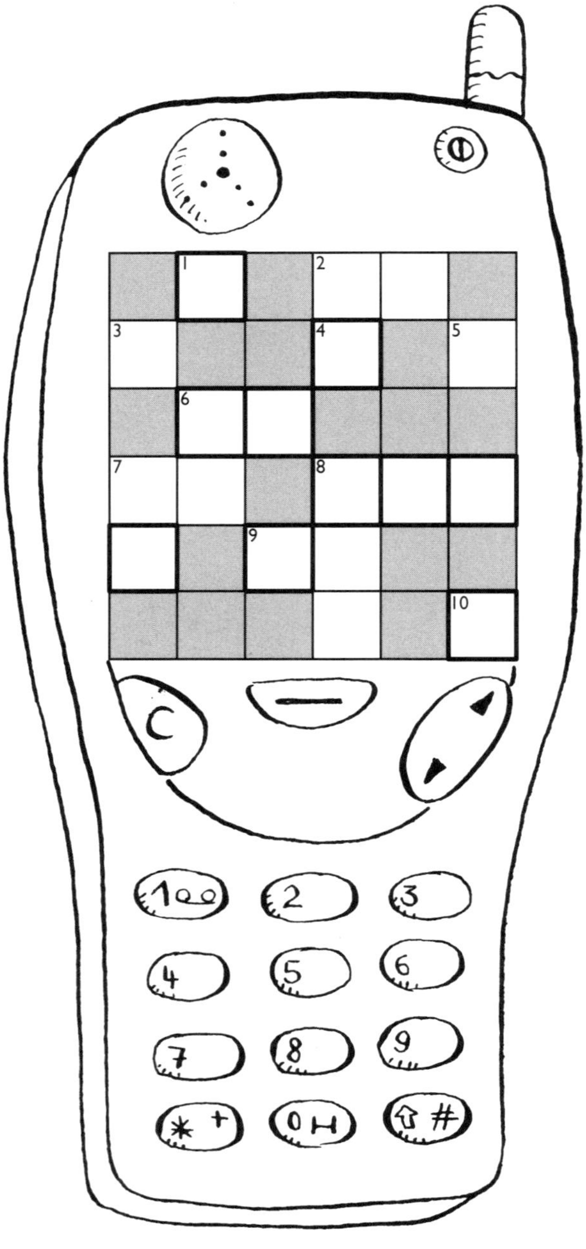

Horizontalement

1) $(0{,}25 \times 2) - \frac{1}{2} =$ ....

2) $\frac{3}{7}$ de 49 = ...

4) $\frac{1}{5}$ de 20 = ...

6) $19 : \frac{1}{4} =$ ....

7) $(\frac{1}{4}$ de $64) \times 2 =$ ....

8) $\frac{2}{7}$ de 1 050 = ...

10) $8\frac{2}{3} - 7\frac{5}{3} =$ ....

Verticalement

3) $4 - 0{,}125 - 1\frac{7}{8} =$ ....

5) $\frac{3}{6} + \frac{9}{18} =$ ....

6) $(\frac{3}{8} : \frac{3}{9}) \times 64 =$ ....

7) $\frac{5}{7} \times 49 =$.........

8) $321 + \frac{5}{8} + 4\frac{6}{16} =$ ....

9) $(\frac{2}{3} \times \frac{3}{4}) - \frac{4}{8} =$.........

Le numéro de téléphone de l'ami d'Alex est le ....

EXERCICE 22 — TRAVAILLER AVEC DES FRACTIONS

6e INDICE

Notre ami Cosinus doit relier entre elles les cartes qui vont ensemble. Peux-tu l'aider à venir à bout de ce gros travail ? Lorsque tu auras terminé, tu verras qu'il reste une carte toute seule. Inscris le nombre ou la fraction qu'elle porte sur le panneau que tient Cosinus.

- $\frac{2}{8}$ de 64
- $\frac{12}{18}$
- $\frac{3}{4}$
- 1
- $\frac{1}{6}$
- $0{,}75$
- $\frac{3}{4} : \frac{5}{7}$
- $\frac{3}{9} + \frac{9}{9}$
- $1\frac{1}{20}$
- 16
- $1\frac{1}{3}$
- $3 \times \frac{2}{6}$
- $\frac{2}{3} - \frac{3}{6}$
- $\frac{6}{1000}$
- $0{,}006$

EXERCICE 23

Grâce à ce questionnaire, tu sauras si tu es bon en fractions ! Note ta réponse sur les pointillés ou coche d'une croix la case que tu penses être la bonne.

1) Dans la fraction $\frac{3}{4}$, le chiffre 3 est appelé le .... et

le chiffre 4 est appelé le ....

2) Dans la fraction $\frac{8}{9}$, la ligne qui sépare le 8 et le 9 s'appelle :

O la ligne de fraction
O la barre de fraction
O la ligne

3) Connais-tu les trois sortes de fractions ?

fractions .... , fractions .... ,
fractions ....

4) Des fractions simples sont des fractions :

O avec 1 pour numérateur et un nombre plus grand que 2 pour dénominateur
O avec 1 pour numérateur
O avec 1 pour dénominateur

5) Remplis avec < (plus petit que) ou avec > (plus grand que) : $\frac{1}{9}$ .... $\frac{1}{3}$

6) Comment dois-tu résoudre ce calcul : $\frac{2}{5}$ de 45 :

O 45 : 5 = 9
9 x 2 = 18

O 45 : 2 = 22,5
22,5 x 5 = 112,5

O 2 x 45 = 90
90 x 5 = 450

7) Pour multiplier deux fractions, tu dois d'abord rendre leurs dénominateurs communs.

O vrai
O faux

8) Pour diviser deux fractions, tu dois :

O diviser les numérateurs, puis diviser les dénominateurs
O multiplier la première fraction avec la deuxième inversée
O multiplier la deuxième fraction avec la première inversée

9) Pour simplifier une fraction, tu dois :

O diviser le numérateur et le dénominateur par un nombre
O diviser le numérateur et le dénominateur par le même nombre
O diviser le numérateur par un nombre plus petit

10) $\frac{3}{8}$ en nombre décimal devient :

O 3, 8
O 0,375
O 0,125

Calcule maintenant toi-même ton score. Les solutions se trouvent à la fin du livre. Chaque bonne réponse te rapporte 1 point.

Mon score est de .... / 10

EXERCICE 24

Le moment est venu d'aider Cosinus à trouver le code du cadenas qui ferme le sac de croquettes pour chat. Au fur et à mesure des pages, tu as trouvé des éléments de réponse lors des étapes. Récapitulons tout cela !

1re ÉTAPE – 1er INDICE

Combien de croquettes Cosinus a-t-il déjà mangées ? Réponse : $\frac{\cdot}{\cdot}$

2e ÉTAPE – 2e INDICE

Regarde le ventre de Cosinus ! Réponse : $\frac{\cdot}{\cdot}$

3e ÉTAPE

Additionne les fractions trouvées aux 2e et 3e étapes et réduis-les.

$\frac{\cdot}{\cdot} + \frac{\cdot}{\cdot} = \frac{\cdot}{\cdot} = \frac{\cdot}{\cdot}$ Réponse : $\frac{\cdot}{\cdot}$

4e ÉTAPE – 3e INDICE

Quel chiffre as-tu écrit sur le panneau ? Réponse : ......

5e ÉTAPE

Multiplie la réponse de la 3e étape avec celle de la 4e.

$\frac{\cdot}{\cdot}$ x .... = Réponse : $\frac{\cdot}{\cdot}$

6e ÉTAPE – 4e INDICE

Quel est le plus grand nombre entier des deux séries ? Réponse : ......

7e ÉTAPE

Divise la réponse de la 5e étape par celle de la 6e.

$\frac{\cdot}{\cdot}$: .... = $\frac{\cdot}{\cdot}$ x $\frac{\cdot}{\cdot}$ = Réponse : $\frac{\cdot}{\cdot}$

8e ÉTAPE – 5e INDICE

Quel chiffre est écrit sur le panneau que tient Cosinus ? Réponse : ......

9e ÉTAPE

Soustrais la réponse de la 8e étape de la réponse de la 7e.

.... – ....= $\frac{\cdot}{\cdot} - \frac{\cdot}{\cdot}$ = Réponse : $\frac{\cdot}{\cdot}$

10e ÉTAPE – 6e INDICE

Écris ici la solution du panneau. Réponse : $\frac{\cdot}{\cdot}$

11e ÉTAPE

Réduis la fraction de la 10e étape. Réponse : $\frac{\cdot}{\cdot}$

12e ÉTAPE

Multiplie la solution de la 9e étape avec celle de la 11e.

$\frac{\cdot}{\cdot} \times \frac{\cdot}{\cdot}$ = (Ne réduis pas !) Réponse : $\frac{\cdot}{\cdot}$

Félicitations ! Tu as presque trouvé le code pour ouvrir le cadenas : écris le numérateur et le dénominateur l'un derrière l'autre. Tu vois alors apparaître un code de trois chiffres.

Code : ... ...

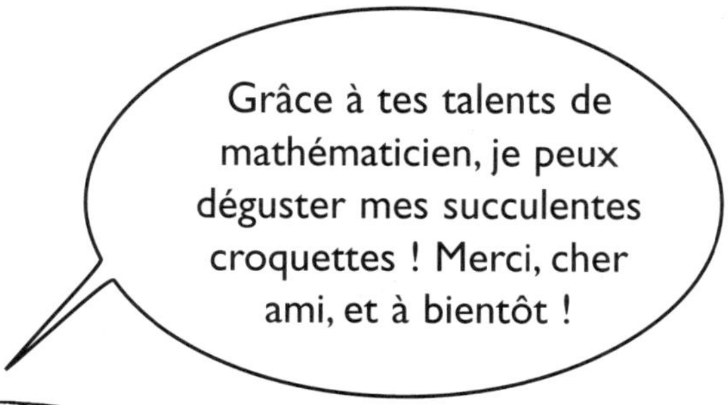

SOLUTIONS

Exercice 1 – Numérateur et dénominateur

Bonjour ! J'adore les énigmes ! Colorie-moi chaque fois que tu me vois. À la fin du livre, je t'aiderai à trouver un code.

Exercice 2 – Reconnaître une fraction dans un dessin

1. $a = \frac{1}{4}$

   $b = \frac{2}{4}$

   $c = \frac{3}{6}$

   $d = \frac{4}{16}$

   $e = \frac{2}{3}$

   $f = \frac{4}{8}$

   $g = \frac{4}{12}$

   $h = \frac{3}{16}$

   $i = \frac{6}{8}$

   $j = \frac{3}{6}$

   $k = \frac{1}{6}$

   $l = \frac{5}{8}$

2.

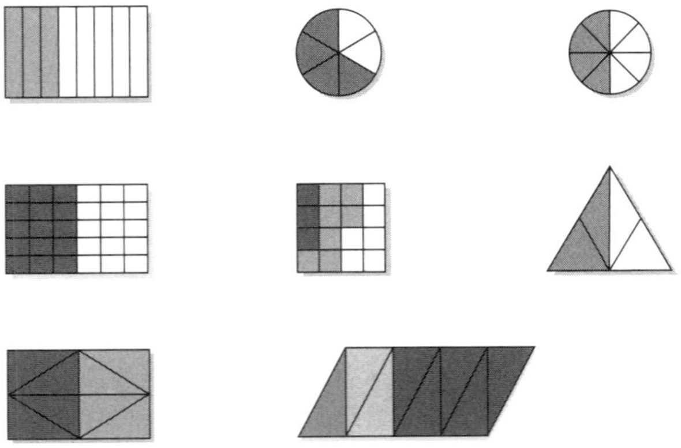

Exercice 3 – Reconnaître une fraction dans un dessin

1. blanc : $\frac{31}{54}$

   gris : $\frac{17}{54}$

   hachuré : $\frac{6}{54} = \frac{1}{9}$

2. $\frac{2}{3}$
3. $\frac{1}{4}$
4. $\frac{3}{8}$
5. $\frac{11}{25}$
6. Dans tous les drapeaux, la partie rouge est de $\frac{1}{3}$.

Exercice 4 – Représenter une fraction par un dessin

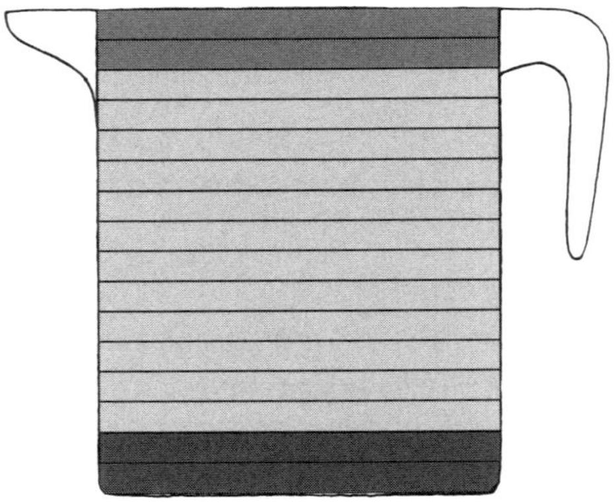

Le récipient ne va pas déborder.

Exercice 5 – Les différents types de fractions

1. Fractions simples : $\frac{1}{6}, \frac{1}{3}, \frac{1}{2}, \frac{1}{9}, \frac{1}{7}$

   Fractions de même dénominateur :

   $\frac{2}{8}, \frac{5}{8}, \frac{7}{8}, \frac{4}{8}, \frac{6}{8}$

   Fractions de dénominateurs différents :

   $\frac{2}{5}, \frac{3}{4}, \frac{6}{11}, \frac{7}{3}, \frac{5}{7}$

2. 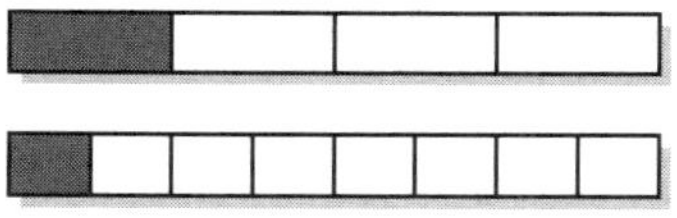

Ce sont des fractions simples.

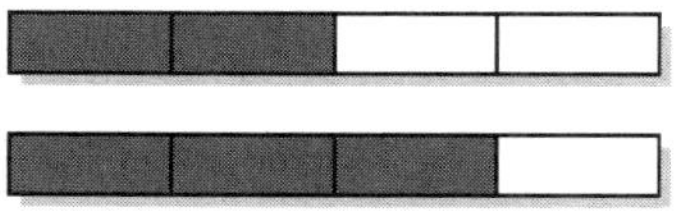

Ce sont des fractions de même dénominateur.

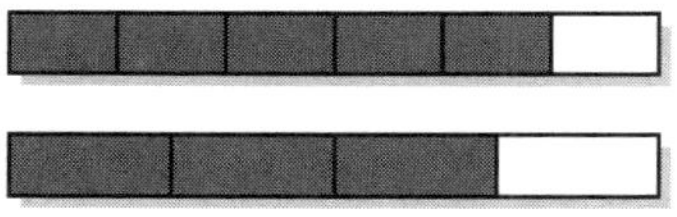

Ce sont des fractions de dénominateurs différents.

Exercice 6 – Fractionner un nombre

1. Je divise les fleurs en 4 groupes de chacun 3 fleurs. Je colorie les fleurs de 3 groupes.

2. Je divise les bonbons en 8 groupes de chacun 2 bonbons. Je colorie les bonbons de 3 groupes.

3. Je divise les pommes en 7 groupes de chacun 4 pommes. Je colorie les pommes de 4 groupes.

4. Il y a 12 poissons dans le bocal. Si Cosinus en attrape $\frac{2}{3}$, il en mangera 8.

5. $\frac{4}{6}$ de 48 = 32

$\frac{5}{11}$ de 88 = 40

$\frac{6}{6}$ de 96 = 96

$\frac{7}{8}$ de 72 = 63

$\frac{3}{8}$ de 1 000 = 375

$\frac{3}{4}$ de 100 = 75

$\frac{2}{3}$ de 126 = 84

$\frac{5}{7}$ de 91 = 65

$\frac{1}{3}$ de 27 = 9

$\frac{4}{8}$ de 64 = 32

$\frac{5}{9}$ de 54 = 30

$\frac{7}{6}$ de 96 = 112

6. $\frac{3}{7}$ de 0,28 = 0,12

$\frac{2}{3}$ de 2,4 = 1,6

$\frac{4}{9}$ de 0,27 = 0,12

$\frac{5}{8}$ de 6,4 = 4

$\frac{5}{6}$ de 4,2 = 3,5

$\frac{2}{3}$ de 69,03 = 46,02

$\frac{3}{4}$ de 3,2 = 2,4

$\frac{1}{5}$ de 0,75 = 0,15

$\frac{2}{8}$ de 56,16 = 14,04

$\frac{2}{7}$ de 0,63 = 0,18

$\frac{2}{3}$ de 39,72 = 26,48

$\frac{4}{6}$ de 1,86 = 1,24

Exercice 7 – Fractionner un nombre

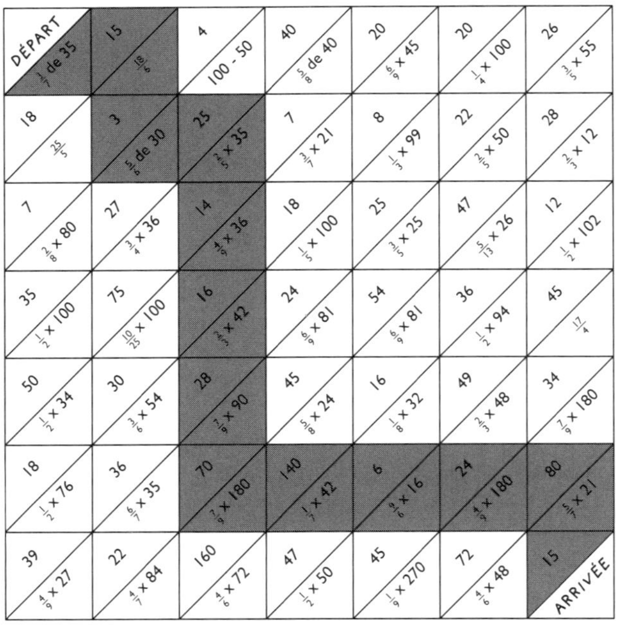

Exercice 8 – Simplifier une fraction

$\frac{18}{24}$ (: 6) = $\frac{3}{4}$

$\frac{32}{64}$ (: 32) = $\frac{1}{2}$

$\frac{14}{35}$ (: 7) = $\frac{2}{5}$

$\frac{15}{60}$ (: 15) = $\frac{1}{4}$

$\frac{42}{63}$ (: 21) = $\frac{2}{3}$

$\frac{36}{72}$ (: 36) = $\frac{1}{2}$

$\frac{36}{42}$ (: 6) = $\frac{6}{7}$

$\frac{700}{2100}$ (: 700) = $\frac{1}{3}$

$\frac{91}{70}$ (: 7) = $\frac{13}{10}$

$\frac{11}{44}$ (: 11) = $\frac{1}{4}$

$\frac{180}{450}$ (: 90) = $\frac{2}{5}$

$\frac{24}{64}$ (: 8) = $\frac{3}{8}$

$\frac{48}{32} = \frac{3}{2}$

$\frac{40}{65} = \frac{8}{13}$

Exercice 9 – Convertir une fraction en nombre entier

$\frac{8}{4} = 2$

$\frac{25}{5} = 5$

$\frac{56}{8} = 7$

$\frac{54}{6} = 9$

$\frac{18}{3} = 6$

$\frac{21}{7} = 3$

Exercice 10 – Convertir une fraction en nombre entier

Nombre entier 1 : $\frac{3}{3}, \frac{7}{7}, \frac{20}{20}, \frac{100}{100}, \frac{18}{18}$

Nombre entier 2 : $\frac{8}{4}, \frac{224}{112}, \frac{36}{18}, \frac{40}{20}, \frac{50}{25}, \frac{18}{9}$

Nombre entier 3 : $\frac{21}{7}, \frac{81}{27}, \frac{45}{15}, \frac{15}{5}, \frac{180}{60}, \frac{12}{4}, \frac{105}{35}$

Exercice 11 – Fractions et nombres entiers

1. **2** = $\frac{3}{4} + \frac{5}{4}$

$\frac{15}{5} - \frac{5}{5}$

$\frac{20}{9} - \frac{2}{9}$

$\frac{2}{6} + \frac{10}{6}$

$\frac{4}{8} + \frac{12}{8}$

3 = $\frac{5}{7} + \frac{16}{7}$

$\frac{19}{9} + \frac{8}{9}$

$\frac{18}{3} - \frac{9}{3}$

$\frac{19}{6} - \frac{1}{6}$

$\frac{3}{2} + \frac{3}{2}$

5 = $\frac{32}{8} + \frac{8}{8}$

$\frac{9}{10} + \frac{41}{10}$

$\frac{36}{7} - \frac{1}{7}$

$\frac{12}{4} + \frac{8}{4}$

$\frac{4}{8} + \frac{36}{8}$

2. 0 $\frac{1}{2}$ 1 $\frac{6}{4}$ 2 $\frac{20}{8}$ 3

Exercice 12 – Transformer des nombres en fractions

$4\frac{1}{8} = \frac{33}{8}$

$3\frac{1}{6} = \frac{19}{6}$

$1\frac{5}{7} = \frac{12}{7}$

$2\frac{1}{4} = \frac{9}{4}$

$4\frac{3}{5} = \frac{23}{5}$

$5\frac{6}{9} = \frac{51}{9}$

$7\frac{1}{2} = \frac{15}{2}$

$3\frac{1}{3} = \frac{10}{3}$

$11\frac{1}{3} = \frac{34}{3}$

$4\frac{5}{9} = \frac{41}{9}$

$2\frac{4}{6} = \frac{16}{6}$

$3\frac{3}{4} = \frac{15}{4}$

$5\frac{3}{7} = \frac{38}{7}$

$1\frac{1}{10} = \frac{11}{10}$

$4\frac{3}{8} = \frac{35}{8}$

$6\frac{4}{5} = \frac{34}{5}$

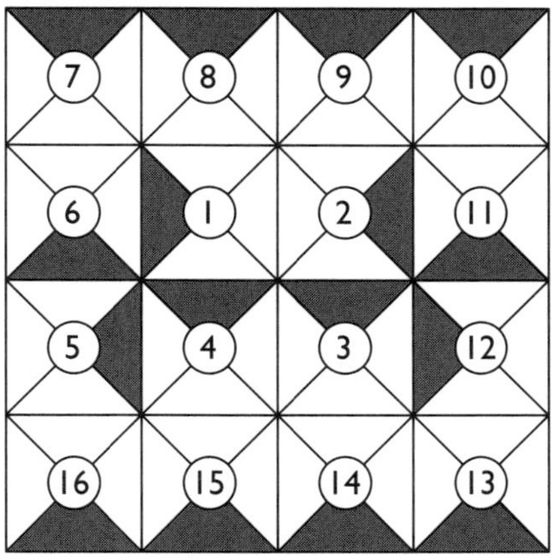

Exercice 13 – Trouver les dénominateurs communs

$\frac{8}{36}$ et $\frac{18}{36}$

$\frac{4}{10}$ et $\frac{4}{10}$

$\frac{30}{35}$ et $\frac{28}{35}$

$\frac{9}{12}$ et $\frac{8}{12}$

$\frac{9}{24}$ et $\frac{20}{24}$

$\frac{7}{9}$ et $\frac{3}{9}$

$\frac{6}{18}$ et $\frac{4}{18}$

$\frac{75}{100}$ et $\frac{63}{100}$

$\frac{6}{21}$ et $\frac{9}{21}$

$\frac{21}{35}$ et $\frac{19}{35}$

$\frac{72}{80}$ et $\frac{50}{80}$

$\frac{56}{72}$ et $\frac{54}{72}$

$\frac{15}{48}$ et $\frac{16}{48}$

Exercice 14 – Classer des fractions

Ensemble 1 :

souris $\frac{1}{12}$, lapin $\frac{4}{12}$, mouton $\frac{7}{12}$ et éléphant $\frac{11}{12}$

Ensemble 2 :

souris $\frac{7}{12}$, lapin $\frac{3}{4}$, mouton $\frac{26}{26}$ et éléphant $\frac{8}{7}$

Ensemble 3 :

souris $\frac{1}{10}$, lapin $\frac{1}{7}$, mouton $\frac{1}{4}$ et éléphant $\frac{1}{2}$

Ensemble 4 :

souris $\frac{2}{9}$, lapin $\frac{5}{18}$, mouton $\frac{1}{2}$ et éléphant $\frac{2}{3}$

Exercice 15 – Situer des fractions sur une ligne

1.

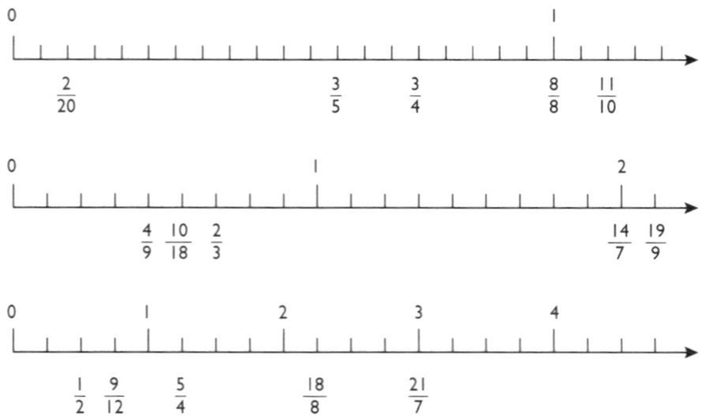

2.

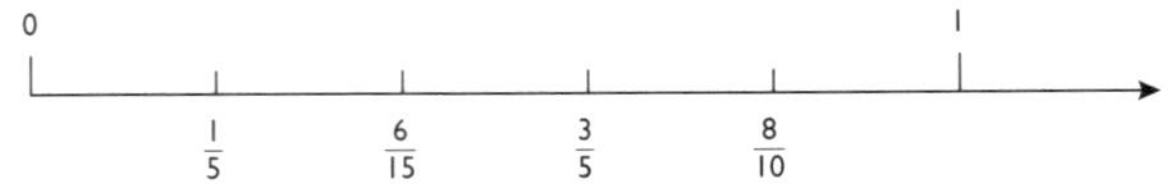

Exercice 16 – Additionner et soustraire

$\frac{3}{7}$	$\frac{1}{19}$	$\frac{8}{2} = 4$
$\frac{5}{8}$	$\frac{6}{7}$	$\frac{4}{8} = \frac{1}{2}$
$\frac{10}{24}$	$\frac{6}{9} = \frac{2}{3}$	$\frac{19}{36}$
$\frac{1}{4}$	$\frac{9}{16}$	$\frac{2}{8} = \frac{1}{4}$
$\frac{1}{30}$	$\frac{3}{3} = 1$	$\frac{5}{15} = \frac{1}{3}$
$\frac{7}{6}$	$\frac{6}{9}$	$\frac{9}{10}$
$\frac{87}{90}$	$\frac{1}{101}$	$\frac{3}{13}$

Le nombre secret est 10.

Exercice 17 – Additionner et soustraire

$\frac{15}{20} + \frac{8}{20} = \frac{23}{20}$

$\frac{3}{4} - \frac{2}{4} = \frac{1}{4}$

$\frac{64}{56} + \frac{14}{56} = \frac{78}{56} = \frac{39}{28}$

$\frac{5}{10} + \frac{6}{10} = \frac{11}{10}$

$\frac{15}{60} - \frac{6}{60} = \frac{9}{60} = \frac{3}{20}$

$\frac{15}{21} - \frac{7}{21} = \frac{8}{21}$

$\frac{37}{37} + \frac{27}{37} = \frac{64}{37}$

$\frac{16}{30} + \frac{3}{30} = \frac{19}{30}$

$\frac{12}{15} - \frac{10}{15} = \frac{2}{15}$

$\frac{15}{24} + \frac{16}{24} = \frac{31}{24}$

$\frac{14}{18} - \frac{6}{18} = \frac{8}{18} = \frac{4}{9}$

Exercice 18 – Multiplier et diviser

1) $\frac{1}{6}$

2) $\frac{3}{20}$

3) $\frac{12}{7} = 1\ \frac{5}{7}$

4) $\frac{72}{6} = 12$

5) $\frac{6}{24} = \frac{1}{4}$

6) 4

7) $\frac{3}{27} = \frac{1}{9}$

8) $\frac{6}{4} = \frac{3}{2}$

9) 1

10 $\frac{6}{81} = \frac{2}{27}$

11) 2

12) $\frac{1}{3}$

13) $\frac{6}{7}$

14) $\frac{5}{16}$

15) $\frac{30}{17}$

16) 3

17) 15

18) $\frac{1}{30}$

19) $\frac{8}{48} = \frac{1}{6}$

Bébert a oublié sa clé.

Exercice 19 – Fractions et nombres décimaux

0,4

0,37

1,318

$\frac{9}{20} = \frac{45}{100} = 0{,}45$

$\frac{3}{10} = 0{,}3$

$\frac{2}{4} = \frac{50}{100} = = 0{,}5$

$\frac{1}{4} = \frac{25}{100} = 0{,}25$

$\frac{560}{1000} = 0{,}56$

$\frac{4}{10} = 0{,}4$

$\frac{75}{100} = 0{,}75$

$\frac{5}{10} = 0{,}5$

$\frac{4}{5} = \frac{8}{10} = 0{,}8$

$\frac{6}{10} = 0{,}6$

$\frac{7}{10} = 0{,}7$

$\frac{9}{10} = 0{,}9$

$\frac{150}{100} = 1{,}5$

$\frac{15}{25} = \frac{60}{100} = 0{,}6$

Exercice 20 – Fractions et nombres décimaux

$\frac{4}{10} = 0{,}4$

$\frac{75}{100} = 0{,}75$

$\frac{8}{100} = 0{,}08$

$\frac{15}{100} = 0{,}15$

$\frac{375}{100} = 3{,}75$

$\frac{6}{10} = 0{,}6$

$\frac{875}{1000} = 0{,}875$

$\frac{18}{10} = 1{,}8$

$\frac{5}{1000} = 0{,}005$

$\frac{9}{10} = 0{,}9$

$\frac{5}{10} = 0{,}5$

$\frac{125}{1000} = 0{,}125$

$\frac{15}{10} = 1{,}5$

Le chiffre gagnant est le 9.

Exercice 21 – Travailler avec des fractions

<u>Horizontalement</u>
1) 0
2) 21
4) 4
6) 76
7) 32
8) 300
10) 0

<u>Verticalement</u>
3) 2
5) 1
6) 72
7) 35
8) 326
9) 0

Le numéro de téléphone de l'ami d'Alex est
04 76 30 05 00

Exercice 22 – Travailler avec des fractions

$\frac{2}{8}$ de 64 = 16

$\frac{3}{4} = 0{,}75$

$\frac{1}{6} = \frac{2}{3} - \frac{3}{6}$

$\frac{3}{9} + \frac{9}{9} = 1\ \frac{1}{3}$

$1\ \frac{1}{20} = \frac{3}{4} : \frac{5}{7}$

$3 \times \frac{2}{6} = 1$

$\frac{6}{1000} = 0{,}006$

Exercice 23 – Passe en revue tes connaissances

1) 3 est le numérateur et 4 le dénominateur.

2) La barre de fraction.

3) Fractions simples, fractions de même dénominateur, fractions de dénominateurs différents.

4) Avec 1 pour numérateur.

5) $\frac{1}{9} < \frac{1}{3}$

6) 45 : 5 = 9,
9 x 2 = 18

7) Faux.

8) Multiplier la première fraction avec la deuxième inversée.

9) Diviser le numérateur et le dénominateur par le même nombre.

10) 0,375

Exercice 24 – L'énigme de Cosinus

1re étape : $\frac{1}{4}$

2e étape : $\frac{1}{4}$

3e étape : $\frac{1}{4} + \frac{1}{4} = \frac{2}{4} = \frac{1}{2}$

4e étape : 7

5e étape : $\frac{1}{2} \times 7 = \frac{7}{2}$

6e étape : 4

7e étape : $\frac{7}{2} : 4 = \frac{7}{2} \times \frac{1}{4} = \frac{7}{8}$

8e étape : 1

9e étape : $1 - \frac{7}{8} = \frac{8}{8} - \frac{7}{8} = \frac{1}{8}$

10e étape : $\frac{12}{18}$

11e étape : $\frac{2}{3}$

12e étape : $\frac{1}{8} \times \frac{2}{3} = \frac{2}{24}$

Code : 224

PAGE POUR FAIRE LES CALCULS

PAGE POUR FAIRE LES CALCULS

PAGE POUR FAIRE LES CALCULS